Otto Ule

Bilder aus den Alpen und aus der mitteldeutschen Gebirgswelt

Blicke in die Geschichte der Erde und den Bau der Gebirge

Otto Ule

Bilder aus den Alpen und aus der mitteldeutschen Gebirgswelt
Blicke in die Geschichte der Erde und den Bau der Gebirge

ISBN/EAN: 9783743343566

Hergestellt in Europa, USA, Kanada, Australien, Japan

Cover: Foto ©Andreas Hilbeck / pixelio.de

Manufactured and distributed by brebook publishing software (www.brebook.com)

Otto Ule

Bilder aus den Alpen und aus der mitteldeutschen Gebirgswelt

Bilder aus den Alpen

und

aus der mitteldeutschen Gebirgswelt.

Blicke in die Geschichte der Erde und den Bau
der Gebirge

von

Dr. Otto Ule.

Halle,
G. Schwetschke'scher Verlag.
1860.

Dr. Otto Ule's ausgewählte kleine naturwissen-
schaftliche Schriften erscheinen in einer Reihe von Bändchen,
welche in Hefte getheilt versandt werden, à Heft 6 Sgr.

Die Käufer sind immer nur zur Abnahme eines vollstän-
digen Bändchens verpflichtet.

Man wolle der letzten Seite des Umschlages eine Beach-
tung schenken.

Bilder aus den Alpen

und

aus der mitteldeutschen Gebirgswelt.

Blicke in die Geschichte der Erde und den Bau
der Gebirge

von

Dr. Otto Ule.

Halle,
G. Schwetschke'scher Verlag.
1866.

Einleitung.

Scheint es nicht vermessen und thöricht, wenn die heutigen Naturforscher so oft von Bildern sprechen, in denen sie die Natur vorführen wollen, als ob es nicht gerade ihr wühlerisches Forschen nach Gründen wäre, durch welches alle Poesie der Anschauung verloren gehen muß? Es mag sein, dem Anfänger, der noch Staub= fäden zählt, der wirklich noch untersucht, mögen die äußeren Schwierigkeiten den Genuß der Natur etwas verbittern. Aber dem ächten Naturforscher geht es wie dem Kenner in der Kunst. Er findet mehr Freude an den Formen der Natur, weil er Verständniß in ihnen findet, weil ihr Bild sich nicht mehr blos träumerisch auf seiner Netzhaut spiegelt, sondern Strich für Strich in dem Hintergrund seiner Seele ersteht. Er sieht Schönheiten und findet Harmonie und Geist, wo der Laie achtlos vorübergeht. Die Natur ist gerade nicht immer malerisch schön, aber sie ist immer gehaltvoll. Ich wüßte nicht, welchem Fels oder Hügel, welchem Morast oder Sandfeld sich nicht ein naturwissenschaft=

liches Interesse abgewinnen ließe. Dieser Morast ist
ein werdendes Kohlenlager, dieses Sandfeld ein zertrüm-
mertes Gebirge! Wo aber äußere Form und innerer
Bau gleichmäßig auf Sinn und Geist einwirken, da
wird der Naturforscher wirklich zum Künstler, der Gemälde zu entwerfen oder zu deuten hat.

Hinauf zu den Alpen müßt ihr steigen, wenn
ihr noch zweifelt an dem Rechte des Naturforschers, von
Bildern zu sprechen. Ihr fühlt euch ergriffen von dem
großartigen Ernst dieser Natur mit ihren himmelan-
strebenden Felsen, ihren silberglänzenden Schneehäuptern, ihr werdet erquickt durch die Lieblichkeit blau-
grüner See'n und sanftschimmernder Matten. Eure
Aufmerksamkeit wird gespannt erhalten durch den steten
Wechsel der Eindrücke, wenn ihr bald ruhig spiegelnde
Wasserflächen auf dampfendem Schiffe durchfurcht, bald
üppige Waldungen durchwandert, auf grünen Halden
streift oder zwischen nackten Felsen auf öden Schneefeldern klettert. Euer Gefühl stumpft sich hier nicht ab,
wie oft an den herrlichsten Aussichten anderer Länder,
die sich immer wieder aus denselben Elementen, nur in
anderer Gruppirung, zusammensetzen. Ihr seht euch
nicht einmal irgendwo lange genug gehalten, um eine
Gegend einförmig oder auch nur bekannt zu finden.
Selbst der stete Wechsel der Atmosphäre, der Beleuchtung,
des Wolkenhimmels verändert euch die Landschaft von
Stunde zu Stunde. Aber ihr werdet überwältigt von
dieser Großartigkeit, verwirrt von diesem Wechsel, die-

sem Reichthum der Formen. Ihr sucht vergebens nach einer Einheit in diesem Wechsel, ihr vermögt diese Eindrücke nicht zu einem Ganzen zu gestalten. Ihr fragt verwundert, warum doch die Natur gerade hier so viele Berge zusammenhäufte, warum sie gerade hier mit so verschwenderischer Hand ihre Formenreize ausstreute? Die Alpenwelt bleibt euch ein Räthsel, vor dem ihr staunt; seinen Sinn erschließt ihr nicht, zur klaren Anschauung eines Gemäldes gelangt ihr nicht. So überlaßt es dem Naturforscher, euch diese Formen zu Bildern zu gestalten! Sein Blick, der durch die Felsen in die Tiefen der Urzeit dringt und unter den starren Formen dieser Berge die geheimen Mächte erspäht, die auch das Leben des Menschen regieren, seine Sitten, seinen Charakter, seine Geschichte bestimmen, — sein Kennerblick wird euch nicht blos Landschaften, sondern selbst historische und Genrebilder aus diesen Elementen zu schaffen wissen.

Eine Reihe solcher Bilder, wie sie von mir erschaut und erlebt wurden, bringe ich hier zur öffentlichen Ausstellung.

Erstes Kapitel.
Ein Morgen auf dem Sidelhorn.

Es war an einem warmen Augustmorgen des Jahres 1857, als ich vor die Thür des Grimselhospizes
trat. Es ist eine düstere, einsame Stätte, dieser Felsenkessel, in welchem das Grimselhaus liegt. Ringsum
starre, nackte Felsen, schimmerndes Eis! Vor mir lag
der tiefschwarze See, dessen Fläche kein Lüftchen kräu-
selte, dessen Dunkel die Strahlen der Sonne kaum etwas zu lichten begannen. Nur die runden, geschliffenen Flächen der westlichen Felswand, über welche die
scharfen Spitzen des Nägelis-Grätli aus dem Schnee
hervorragten, spielten in den wunderlichsten Lichtern,
und behaglich ruhte der Blick auf den spärlichen grünen
Flecken moosigen Rasens zwischen den schwarzen Felsen,
der dürftigen Weide dieses einsamen Kessels. Mein Führer trat zu mir, ein magerer, aber sehniger, kräftiger
Mann mit kleinen, lebhaft funkelnden Augen und sanften, aber ernsten Zügen, aus denen ein hoher Grad
Vertrauen erweckender Entschlossenheit sprach. „Wohin-
aus?" rief uns eine Gruppe anderer Führer zu, die
ihrer Touristen warteten, welche sie durch das Haslithal
oder zur Maienwand geleiten sollten. „Auf das Sidelhorn und zum Aargletscher!" war meine Antwort. „Und
ohne Bergschuhe und Alpenstock?" fragten kopfschüttelnd
die Führer hinter uns her. Es war freilich kein gewöhnlicher Morgenspaziergang, den ich mit meinem Re-
genschirm in der Hand unternehmen wollte; aber leicht

und unbeschwert von ungewohntem Ballast wollte ich die freien Höhen ersteigen.

Bald war die steile Felsentreppe, welche über die abgerundeten Blöcke an der östlichen Felswand hinaufführt, erstiegen, und wir standen nun auf dem Gipfel des Grimselpasses, 945 Fuß über dem öden Kessel, am Rande des finstern Todtensee's. „Sie scheinen mir ein rüstiger Bergsteiger", meinte der Führer, „und wenn Sie sich auf Ihre Lungen so gut wie auf Ihre Beine verlassen können, wollen wir geraden Weges auf unser Ziel lossteuern. Sehen Sie jene Spitze, die wie ein warnender Finger dort aufragt, das ist das Sidelhorn!" Und geradeaus ging es in der That, einen Felskamm entlang, neben dem sich anfangs noch Schneehalden hinzogen und schmale Rasenstreifen einen festen Tritt gestatteten. Bald lag der Todtensee tief zu unsern Füßen, und immer steiler wurde der Weg; aber die spitzen Schiefer, die überall aus dem Boden hervorschauten, erleichterten noch das Klettern. Eine tiefe Runse, durch welche das Schneewasser zum Todtensee hinabrauschte, mußte überschritten werden; und da galt es mit Händen und Füßen zu helfen, denn der Boden war lockerer Steinschutt, der unter jedem Tritt entwich. Jetzt lag die letzte Kuppe des Sidelhorns vor uns, eine steile, dreiseitige Pyramide, nicht ein Berg, sondern ein Schutthaufen wüster Trümmer, ein ungeheurer Rest eines zerschmetterten Felsenhorns. Hier galt es, die gesunde Brust, den festen Fuß zu zeigen.

Das war kein Steigen, kein Klettern mehr. Mit den
Händen mußte man sich von einem Felsblock zum anderen hinaufziehen und schieben, und dabei lagen die
Steine so locker, daß man immer erst prüfen mußte,
ob man ihnen auch das Gewicht seines Körpers anver-
trauen könne. Manchmal gerieth ein solcher, viele Cent-
ner schwerer Stein über mir, den ich erfaßte, um mich
hinaufzuschwingen, in ein so verdächtiges Schwanken,
daß ich schnell zurücksprang, um nicht von seinem Sturz
in die Tiefe gerissen zu werden. Manchmal rollte unter meinen Füßen ein Block in wilden Sprüngen abwärts. Kein Fuß, keine Hand durfte bewegt werden,
ehe nicht ein sicheres Gleichgewicht gewonnen war. Die
scharfen Zacken der Steine hatten meine Hände blutig
gerissen; aber das Ziel winkte. Die plumpe Steinpyramide, welche die Führer auf der Spitze des Sidelhorns aus Granitblöcken zum Wahrzeichen aufgethürmt
haben, schwebte dicht über mir. Noch einen Griff in die
zackigen Steine, noch einen Schwung — und das Ziel
ist erreicht. Da sitze ich 8866 Fuß über der Meeresfläche, 3116 Fuß über dem Grimselkessel, den ich erst
vor 1³⁄₄ Stunden verlassen. Eine Granitplatte ist
mein Sitz, und die Steinpyramide im Rücken schützt
mich vor dem eisigen Winde, der aus den Schluchten
des Wallis heraufheult.

Welch ein Anblick! In einer solchen Bläue sah
ich den Himmel noch nie. Man hat bekanntlich versucht, die Bläue des Himmels zu messen, indem man

sie mit blaugefärbten Papierstreifen verglich, deren Dunkelheit durch den Procentgehalt an Kobalt in der Mischfarbe bestimmt wurde. Man wird sich vielleicht eine Vorstellung von dem Blau des Himmels, der sich über dem Sidelhorn wölbt, machen können, wenn man weiß, daß sein Kobaltgehalt zwischen 60 und 70 Procent beträgt, während er in dem Himmelsblau unserer Ebenen selten 30 Proc. übersteigt. Und unter diesem blauen Himmel welche Landschaft! Freilich, malerisch war sie kaum; denn es fehlte das erquickende Grün, es fehlte der Vordergrund; aber eine ächte Alpenlandschaft war es, nichts als Schnee und Eis, Fels und Luft! Die wenigen bewachsenen Thalwinkel, welche hier und da zum Vorschein kamen, selbst das lang ausgedehnte Wallisthal, verschwanden gegen den gewaltigen Eindruck aller dieser Schneehäupter, dieser Fels- und Gletschermassen.

Gerade vor mir stieg im Nordosten die blendende Schneewand des gewaltigen Galenstocks auf, von welchem sich, einem erstarrten Wasserfalle gleich, der blaugrüne Rhonegletscher herabsenkt, das Wallisthal schließend. Zwischen ihm und den schneebedeckten Gotthardspitzen erblickte ich den schmalen Sattel der Furka, über welchen ich gestern aus dem Hochthale von Urseren herniedergestiegen war, und darüber hinweg ragten die fernen Schneeberge Graubündens empor. Zu meinen Füßen lag das grüne Wallis, vom Silberfaden der Rhone durchschlängelt, mit seinen Alpenweiden und

seinem düstern Waldgürtel, gekrönt von schwarzen Fels=
hörnern, zwischen denen sich zahllose Eisströme herab=
senken. Dort über jenen Sattel, über welchen der
Griesgletscher hier nach Nord, dort nach Süd herab=
hängt, führt der Saumpfad in die warmen Gefilde
Italiens. Aber nicht dort hinüber wanderten meine
Gedanken; es war ein zu imposanter, fesselnder An=
blick, der sich im Westen bot. Dort starrte mir in
erschreckender Nähe die Finsteraarhorngruppe entgegen,
hier die gigantischen finstern Massen der Aarhörner
selbst, hinter denen die glänzend weiße Gestalt der
Jungfrau auftauchte, dort die drohende Spitze des
Schreckhorns und die stolze Silberpyramide des Wetter=
horns. Zahlreiche Gletscher strömten von diesen Berg=
riesen hernieder, vor allen die beiden gewaltigen Aar=
gletscher, die mit ihren eisigen Armen nach allen Sei=
ten hinaufgreifen in die Firnfelder, die zwischen den
zackigen Felsenkämmen schimmern. Weithin folgte mein
Blick der Kette der Zinkenstöcke, welche beide Gletscher
trennt, und an deren schroffen Abhängen hinab mein
Weg zu dem für die Wissenschaft so bedeutsam gewor=
denen Unteraargletscher mich führen sollte. Noch einen
Blick in die Ferne, auf jene Lücke, dort zwischen der
Finsteraarhorngruppe und den Gletschern des Wallis,
wo sich in wunderbarer Schärfe die starre Nadel des
Matterhorns und die zerrissenen Kämme der Monte=
Rosa=Gruppe abzeichnen! Jetzt aber den Blick in die
Tiefe! Dieser wilde Felsenspalt hier zur Linken, dessen

Sohle das Auge vergeblich erspäht, das ist das Hasli, und dort jener runde, grüne Fleck, durch dessen ebenen Boden die Aar sich schlängelt, um durch jene enge Schlucht hinabzustürzen zu den Häusern von Guttannen, das ist der Räterichsboden. Drüben jene schneebedeckten Spitzen, das sind die Gelmerhörner und das Nägelis= Grätli, und darunter jenes dunkel schimmernde Auge zwischen ihren glänzenden Gletschern, das ist der Todten= see auf dem Rücken des Grimselpasses!

Ein düsteres Gespenst steigt aus den stillen Ge= wässern des Todtensee's zu mir auf, eine blutige Ge= schichte tritt mir vor die Seele. Denn diese wilde Eis= und Felsenwüste hat eine Geschichte. Der Todten= see führt seinen Namen nicht umsonst; er ist ein blu= tiges Grab. Ob er Bruderkämpfen, die vor Jahr= hunderten an seinen Ufern zwischen Wallisern und Ber= nern ausgefochten wurden, seinen Namen verdankt, weiß ich nicht zu entscheiden, aber er hat ihn verdient am 14. August des Jahres 1799.

Die wilden Söhne der französischen Republik zogen durch das Haslithal herauf, den Uebergang über den Grimselpaß zu erkämpfen. Da wo die Aar in der Nähe des Hospizes in scharfem Winkel sich seit= wärts wendet, um durch einen engen Spalt in das Hasli hervorzubrechen, wo die Felsenmauer des Spital= nollens das Thal gleichsam schließt, dort versperrten Oesterreicher und Walliser den Weg. Eine Armee hätte

hier von den sicheren Kugeln weniger Schützen erliegen
müssen. Aber noch fester war die Stellung der öster-
reichischen Hauptmacht am Grimselsee und auf dem
Sattel des Grimselpasses an den Ufern des Todtensee's. Kein Weg schien zu dieser Stätte hinaufzu-
führen, als der schmale Saumpfad, den die Büchsen
der Oesterreicher schützten. Da übernahm ein Bauer
aus Guttannen die Rolle des Verräthers — ob ge-
zwungen, ob erkauft, weiß Niemand bis heute, aber
der Name Fahner ist noch immer von dem Freiheits-
sinn des Schweizervolkes gebrandmarkt. Auf einem
bisher nur von Ziegen und Hirten betretenen Pfade
führte er eine feindliche Schaar in den Rücken der
Vertheidiger. Dort wo die Sonne widerglänzt von
den glatten Spiegelflächen der Felswände, mit denen
die Kette des Nägelis-Grätli fast senkrecht in die Aar
hinabzustürzen scheint, dort über jene weiten Gletscher,
die sich auf dem Rücken des Kammes ausbreiten, zwischen den scharfen Granitzacken, welche diese Gletscher
krönen, dort durch die tiefen Rinnen, durch welche
nur von Felstrümmern beladene Bergströme in das
Thal hinab zu rauschen pflegen, dort führte der Ver-
räther die feindliche Schaar. Unter finsterem Schweigen zog sie durch die unentweihte Wildniß. Es mochte
ein furchtbarer Augenblick sein, als plötzlich im Rücken
der nichtsahnenden Vertheidiger die Büchsen der Feinde
krachten, als das Echo von den Bergen herab den
wilden Schlachtruf zu ihnen nieder trug. In den

geheimnißvollen Tiefen des Todtensee's, in den Schluchten und Spalten des Sidelhornes ruhen die Gebeine
der Erschlagenen.

Aber hinweg von den düstern Gespenstern der
Geschichte! Vor mir ragen die Denksäulen einer viel-
tausendjährigen Geschichte der Natur!

Was war es denn eigentlich, was mich so unwiderstehlich auf diese öde Bergspitze lockte, was ist
das überhaupt für eine wunderbare Anziehungskraft,
die in dem Anblick ferner, blauer Berggipfel liegt?
Das Verlangen nach dem Genusse des Malerisch-
Schönen kann es nicht sein. Denn schön wie eine
Alpenlandschaft drunten im Thal, sich spiegelnd in
den blau-grünen Fluthen eines See's, übergossen mit
den verschwenderischen Farbenreizen des Abendlichtes,
ist diese wüste Fels- und Schneelandschaft nimmermehr!
Sollte aber in dem Bewußtsein der Mühen und Gefahren, durch welche der Genuß erkauft ward, oder
gar in dem kindischen Reiz der erhöhten Stellung jener wunderbare Zauber zu suchen sein, der stets mit
dem Aufenthalt in solchen Höhen verknüpft ist? Mit-
wirken mag etwas dergleichen, und selbst das physische
Behagen, das wir mit der reinen, dünnen Bergluft
athmen, mag seinen Theil an der erhabenen Stimmung haben, die jeden Besteiger der Alpenhöhen er-
greift. Aber der wahre und tiefste Grund dieser Stimmung liegt in dem stolzen Gefühl der Einsamkeit, des
Alleinseins mit einer unentweihten Natur. Die Werke

der Menschenhand verlieren in dem Charakter einer
Alpenlandschaft überhaupt schon ihre Bedeutung. Die
gemüthlichen Schweizerhäuser verschwinden meist in der
Weite der Thäler, in der Großartigkeit des Rahmens;
die zahlreichen Burgruinen Graubündens hat das Auge
Mühe unter den Klippen der Bergkolosse zu erspähen.
Aber hier oben verschwinden vollends die Spuren
menschlicher Thätigkeit. Hier sind wir allein mit uns
und einer erhabenen Natur, und es ist, als ob wir
in dieser Einsamkeit uns auch erst selbst ganz besitzen.
Ich glaube, daß es wenigstens bei allen edlen und
bedeutenden Menschen vorzugsweise dieses Verlangen
nach dem ungestörten Besitze ihrer selbst ist, der sie
zu den Bergeshöhen hinaufzieht, und daß gemeine, in-
haltlose Menschen weniger aus Trägheit, als weil ihnen an ihrem Selbst nichts liegt, für die Reize der
Höhen keine Empfänglichkeit haben.

Für mich aber haben die Berggipfel noch eine
besondere Anziehungskraft, eine ähnliche, möchte ich
sagen, wie die Feste in der Alltäglichkeit des Lebens.
Sie sind es, von denen ich eine Umschau halte über
die Erlebnisse und Beobachtungen drunten im Thale,
auf denen ich einen Ueberblick suche über die zerstreuten
Einzelheiten, um sie zu einem Ganzen zusammenzufassen.
Für eine solche Thätigkeit aber konnte es keinen geeigneteren Platz geben, als die Spitze des Sidelhorns,
von der es mir gestattet war, mitten in das Herz
der Alpen hinabzuschauen.

Ein wildes Gewirr von Zacken und Spitzen starrt mir entgegen. Hoch in die Wolken ragen die Gipfel dieser Berge, deren Massenhaftigkeit sich am deutlichsten in der Höhe der Thäler ausspricht, die mit ihrer Sohle oft weit über die Gipfel unserer norddeutschen Riesenberge, des Brockens und der Schneekoppe, emporragen. So überschwenglich hat die Natur auf diesem kleinen Erdraum ihre Massen aufgeschüttet, daß, wenn man sie gleichmäßig über ganz Europa ausbreiten könnte, sie nach Humboldt's Schätzung die Oberfläche desselben um 22 Fuß erhöhen würden. Woher nun diese Massenhaftigkeit, woher zugleich diese verschwenderische Fülle der Formen? Der Naturforscher kann so nicht mehr fragen, seit er weiß, daß die plutonischen Gewalten des Erdinnern die Gebirge erhoben haben. Wo einmal diese Thätigkeit wirkte, konnte sie sich nicht auf die Erhebung vereinzelter Erdrindenbruchstücke beschränken. Selbst wo aus dem engen Schlunde eines Vulkans heißflüssige Massen ausgepreßt wurden, entstand selten ein isolirter Kegelberg; stets folgten dem einen Durchbruche andere in der Nachbarschaft und schufen eine Gruppe von Bergkegeln. Wo aber über langgestreckten Spaltensystemen das Vorhandene zerrissen und zu Gebirgen erhoben wurde, wo weniger die heißflüssigen Gesteine selbst zu Tage traten, als vielmehr die abgelagerten Schichtenmassen emporgerückt wurden, da war eine reiche und massenhafte Gruppirung von Bergen die nothwendige Folge.

Es ist noch nicht lange her, daß man die Alpen als eine Reihe ununterbrochener, paralleler Ketten betrachtete und auf den Karten verzeichnete. Es bedarf nur eines Blickes auf das Panorama des Sidelhorns, um von dieser Täuschung geheilt zu werden. Es sind selbständige, durch Längenthäler getrennte Gruppen oder Massive, welche durch ihr Ineinandergreifen das Relief der Alpen bedingen. Gerade hier im Mittelpunkte dieser gewaltigen Erhebung, wo die krystallinischen Schiefer, durchbrochen von granitischen Massen emporragen, sind diese Gruppen am schönsten und deutlichsten entwickelt. Gerade vor mir erhebt sich das imposante Massiv des Finsteraarhorns mit seinen dichtgedrängten Gipfeln, der Jungfrau, dem Mönch, Eiger, dem Schreckhorn, Wetterhorn, den Aar- und Biesch-Hörnern. Dort zur Rechten steigt der mächtige Gebirgsstock des Gotthard auf, und im Hintergrunde schimmern die Schneespitzen der Monte-Rosa-Gruppe. Aus einem tiefen Meeresbecken, das sich vielleicht weit über die Grenzen des jetzigen mittelländischen Meeres ausdehnte, erhoben sich einst diese Berggruppen. Die Erdkruste unter diesem Meeresboden zerriß in Spalten, und seine Schichten erhoben sich gleich riesigen Falten. So gewaltig war der Druck der von unten aufdrängenden Massen, daß noch weithin zur Seite die festen Erdschichten zu Bergen emporgeschoben wurden, die jetzt als Jurakette sich am Fuße der Alpen hinziehen. Zahlreiche solcher Erhebungen folgten auf einander, wie die mannigfache

Neigung der aufgerichteten Schichten und ihre Biegung und Zerknickung beweist, und nicht plötzlich, sondern langsam, in unermeßlichen Zeiträumen erfolgten 'sie. Aber immer wieder nahmen diese Erhebungen ihren Ausgang von denselben ursprünglichen Spalten, und so erhielten die Gebirgsgruppen jene bekannte Gestalt langgedehnter Kämme, deren Rücken die einzelnen Berggipfel tragen, die zum Theil durch Verwitterung und atmosphärische Zerstörung die seltsame Form von Hörnern und Nadeln angenommen haben.

Wollte man noch zweifeln, daß das Alpengebirge aus einer Reihe von Gruppen zusammengesetzt ist, so dürfte man nur einen Blick auf die langgedehnten Thäler werfen, welche sie scheiden. Es sind tiefe Einsenkungen, ursprünglich in die gehobenen Schichten eingerissene und später weiter ausgewaschene Spalten, welche meist in der Richtung' der Kämme die hohen Gebirgsgruppen umgeben. Gerade vor mir schaue ich in einen solchen gewaltigen Spalt hinab, der fast die ganze Schweiz der Länge nach klaffend durchzieht. Es ist das grüne Band des Wallis, das sich vor mir öffnet, von der Furka sich herabsenkend und von den silberglänzenden Schneehäuptern der Berner Alpen einerseits und der Walliser Alpen andrerseits eingefaßt, die Wasser der Rhone zum Becken des Genfersee's geleitend. Jenseits des Gotthardstockes findet dieser Spalt seine Fortsetzung in dem schönen Thale des Vorderrhein, in welches der prachtvolle Medelser Gletscher und

die Schneegipfel des Tödi und der Greina hinabschauen.
Die Gewässer beider Thäler fließen auseinander, wie
die Charaktere der Nationen, von denen sie umwohnt
sind. Zwischen ihnen aber, auf der einen Seite durch
den Furkapaß, auf der andern durch den Oberalppaß
begrenzt, im eigentlichen Mittelpunkt des Schweizer-
landes liegen die Hochthäler des Urseren- und Ober-
alpthales, in denen zwei Quellen der Reuß fast grad-
linig einander entgegenströmen. In ihren oberen Theilen besitzen diese Längenthäler gewöhnlich eine bedeutende Neigung; stufenförmig steigen sie abwärts, und
große, flache Becken wechseln mit langen, schmalen Thalengen. Weiter unten wird der Fall geringer, die
Thalsohle breiter und ebener, die Terrassen und Becken
hören auf. Das anstehende Gestein tritt mehr und
mehr zurück, der Thalboden wird erfüllt von dem Geröll, welches die Alpenbäche, die hier ihre Geschwindigkeit verlieren, von allen Seiten herbeiführen. Der
Fluß durchnagt diese mächtigen Ablagerungen und schnei-
det sich ein rinnenförmiges Bett in den jungen Boden.
Da wo die Richtung des Thales eine plötzliche Aen-
derung erfährt, oder wo das Thal das Gebiet der
Alpen verläßt und in die Ebene austritt, zeigen sich
oft wieder Thalengen oder Klausen, die nicht blos
für die Romantik, sondern auch für die Geschichte eine
Bedeutung erlangten, da hier Burgen oder Festungs-
werke die wichtige Straße schützten, welche das Längen-
thal über die Alpen bildet.

Aber diese Längenthäler sind nicht die einzigen Einschnitte in die große Gebirgsmasse der Alpen. Tief in das Innere der hohen Gebirgsgruppen, bis hinan zu den schneeumgürteten Rippen, dringen zahlreiche Querthäler ein, und gerade sie sind es, die durch die Mannigfaltigkeit ihrer Richtung und Gestaltung wesentlich den schönen Wechsel der Alpenscenerie bedingen. Kürzer als jene, steigen sie meist weit schneller aufwärts. An ihrem oberen Ende bilden sie gewöhnlich ausgedehnte Mulden, die von den großen Schneeanhäufungen der Firnmeere erfüllt sind, welche die Existenz der Gletscher bedingen. Dort an den dunkeln Wänden des Finsteraarhorns jene schimmernden Schneeflächen, aus denen der Unteraargletscher mit seinen beiden riesigen Armen seine „kalte" Nahrung holt, das sind solche Firnmulden. Jene bloßen Schneehaufen und Eiszacken gleichenden Erhöhungen, jene grotesk zerklüfteten Felsnadeln, das sind die Spitzen der Kämme, welche die Mulde an ihrem oberen Ende umschließen. Die Firnmassen entziehen dem Blicke die Sohle der Mulde, die offenbar eine gewisse Neigung gegen den Ausgang hat, aus welchem der Gletscher hervorströmt. Ein schmales, langes, von riesigen Bergwänden umschlossenes Thal nimmt den Gletscher auf, dessen Fuß ein trüber Bach entströmt. Enger schließen sich die Felsen zusammen; wie ein Spalt erscheint das Thal meinem Auge noch von der Höhe. Tief unten fließt die Aar, und der Wandrer hört

wohl ihren donnernden Anprall gegen die granitene
Umzäunung, aber vergeblich strengt er sich an, den
Schaum ihrer Wasser in der Tiefe zu erspähen. Aber
siehe da, plötzlich öffnet sich wieder die Kluft, und
durch ein weites, flaches Becken, rings von hohen
Bergen kesselartig umschlossen, aber nicht von Eis und
Schnee, sondern von einem sanftgrünen Rasenteppich
bedeckt, zieht sich in anmuthigen Windungen die ruhige
Aar fort. Doch abermals droht eine finstere Kluft,
und wild schäumend stürzt der Bach seine Fluthen in
den Abgrund hinab, um abermals in einem grünen
Becken Ruhe zu finden. Dieser stete Wechsel von weiten Becken und Thalengen ist ein Hauptzug im Charakter der Querthäler.

Ein Blick auf das Bild wilder Zerrissenheit vor
mir zeigt, daß auch mit diesen Querthälern die Formen der Thalbildung in den Alpen noch nicht erschöpft
sind. Wenn man in einem Längenthale aufwärts
geht, so bemerkt man zu beiden Seiten eine Reihe
von größeren Querthälern, welche mit ziemlicher Gleichförmigkeit in dasselbe münden, und schon die Contouren der Berge deuten diese wichtigen Gebirgsspalten
an. Ganz anders gestaltet sich der Anblick in einem
Querthale. Wenn man in der Thalsohle steht, so bemerkt man oft nichts als jäh ansteigende Abhänge fast
ohne Unterbrechung. Aber hoch oben, oft mehrere
tausend Fuß über dem Thalboden, zeigen sich zahlreiche
Einbuchtungen. Das sind die Mündungen kleinerer,

faſt ſenkrecht auf die Richtung des Hauptthales ſtehen-
der Thäler. Steiler anſteigend als das Hauptthal,
ſind ſie, wie dieſes, von hohen, regelmäßigen Berg-
zügen eingefaßt, zeigen ſie denſelben Wechſel von Becken
und Thalengen, dieſelbe Firnmulde an ihrem oberen
Ende. Aus ihrer vorderen Oeffnung hangen kleine
Gletſcher drohend in das Thal herab oder ergießen ſich
ihre Bäche in ſchmalen Rinnen über die ſteilen Abhänge, die ſchönſten Waſſerfälle der Alpen bildend.

Blicken wir auf die großen Kämme ſelbſt, welche
die Thäler trennen, ſo gewahren wir auch hier nicht
lange, ſpitze Prismen mit gleichmäßig geneigten Seiten-
flächen, etwa gleich dem Dache eines Hauſes. Auch hier
ſehen wir die Gleichförmigkeit durch ſtark geneigte Thäler oder ſanfte Einbuchtungen unterbrochen. Nach unten hin ſchöne, waſſerreiche Weideplätze darbietend,
werden dieſe Einſenkungen an den oberen Abhängen
die Lagerſtätten von Firnmaſſen und kleinen Gletſchern.
Wohl 20 ſolcher Gletſcher ſenken ſich dort im Hintergrunde gleich rieſigen Eiszapfen von den ſteilen Fels-
ſchluchten des Finſteraarhorn herab.

Es gehörte eine ſtarke Phantaſie und eine ſehr
oberflächliche Anſchauung dazu, wenn ſelbſt die Wiſſenſchaft früherer Tage in allen dieſen Thalformen ein
Werk der Verwitterung und der Auswaſchung durch
ſtrömendes Waſſer ſah. Wie wäre es möglich, daß
ein Alpenthal, wie dieſes Hasli, vom Gipfel des
Finſteraarhorn bis zum Grunde des Brienzer See's

2 *

hinab, oder wie das Chamouni-Thal vom Gipfel des
Montblanc bis in eine Tiefe von 3000 Fuß durch die
Kraft des Wassers eingeschnitten wurde! Wie wäre
es erklärlich, daß das Wasser von seiner Gewohnheit,
die geradesten und kürzesten Wege zu suchen, so ab-
gewichen, diese vielfachen Windungen ausgewaschen und
hier, wo ihm ein Abfluß weit offen stand, mitten
durch eine hohe Gebirgskette sich Bahn gebrochen hätte?
Wie unverkennbar auch der Einfluß sein mag, der dem
Wasser, verbunden mit der Verwitterung, in der Gestaltung der Erdoberfläche zukommt, diese Thäler verdanken ihm wenigstens den Ursprung nicht. Sie sind
kaum minder alt als die Berge selbst, sie sind durch
dieselben inneren, aufrichtenden Kräfte geschaffen, welche
die Berge erhoben. Viele von ihnen waren bereits
Buchten und Fiorde jenes Meeres, welches noch zur
Zeit der ersten Hebungen diese Landschaft bedeckte.
Viele waren einst von Alpensee'n eingenommen, deren
Wasser allmälig einen Ausweg fand. Aber die Bildung der meisten Thäler erfolgte, als die allgemeine
Aufrichtung der Schichten bereits vollendet war. Es
war auch nicht gerade immer eine Zerspaltung, welche
diese Thäler veranlaßte. Dagegen sprechen die Fels-
riegel, welche sich oft quer durch Thäler hindurchziehen,
die Thalfurchen, welche oft viele hundert Fuß über
dem Boden eines Thales an seinem Gehänge münden.
Es war vielmehr ein Zurückweichen der Massen nach
ihrer Erhebung, welches die meisten Thäler und am

unverkennbarsten jene Mulden und Becken veranlaßte.
Man bedenke nur, wie ungemein steil die Aufrichtung
der Schichten, namentlich in diesen Centralalpen ist,
und man wird einsehen, daß ein solches theilweises
Zurückweichen eintreten konnte, selbst ohne daß gerade
auffallende Störungen der Neigung und der Gesteins-
folge damit verbunden sein mußten.

Meine Rundschau ist beendet, der Bau der Alpen
in flüchtiger Skizze verzeichnet. Eine Gesetzlichkeit und
Regelmäßigkeit in diesem mächtigen Bau hat sich enthüllt, die freilich dem Touristen auf seinen bequemen
Pfaden verborgen bleibt. Diese Regelmäßigkeit beschränkt sich übrigens nicht blos auf die Gestaltung
der Thäler und auf die Gruppirung der Kämme, die
keilförmig gegen das Centrum der Gebirgsgruppe hinan-
steigen, sich bald erweiternd, bald zusammenziehend, um
bald Thalengen, bald Becken zwischen sich zu bilden,
und endlich in schmale, scharfe Grate auslaufend, zwischen denen Raum für weite Firnmulden bleibt. Diese
Regelmäßigkeit zeigt sich überraschend schön auch in
dem Verhältniß zwischen der mittleren Erhebung und
mittleren Einsenkung der Gebirge. Die höchsten Querthäler finden sich im Allgemeinen da, wo auch die
größte mittlere Erhebung der Bergmassen ist, und die
größten Paß- und Kammhöhen entsprechen auch den
größten Gipfelhöhen. Sobald die Höhe der Gipfel
sich vermindert, sinkt auch die Höhe der Alpenpässe
herab. Jene Pässe, welche seit den Heereszügen Hanni-

bals für den Verkehr der Völker von historscher Bedeutung waren, liegen meist in einer Höhe von 5000
bis 7000 Fuß. Jene beschneiten und vergletscherten
Hochpässe aber in der Nachbarschaft des Monte Rosa
und Montblanc, das Weißthor und der Col du Géant,
erreichen eine Höhe von 10,000 bis 11,000 Fuß.
Eine gewisse Regelmäßigkeit zeigt sich endlich von dieser Höhe aus auch in der Neigung der Abhänge. Die
schroffen Felswände, welche, in der Nähe gesehen, die
sanfteren Gehänge durchbrechen und den malerischen
Eindruck des Thales so sehr erhöhen, verlieren sich dem
Fernblick, und es läßt sich deutlich eine gewisse mittlere Neigung erkennen, die aber keineswegs so stark
ist, als sie dem Untenstehenden zu erscheinen pflegt.
Die steilen Abhänge zu beiden Seiten der Querthäler
übersteigen, außer in wirklichen Schluchten und Klausen, selten eine Neigung von 35°, und in den Längen-
thälern beträgt die Abdachung der Thalgehänge sogar
meist nur 20° bis 25°. Bedeutender freilich sind die
Neigungen der freien Felsengipfel, die noch Tausende
von Fußen über die Kämme emporragen. Die Gipfel
der Berner Alpen, des Monte Rosa, des Montblanc
fallen nach allen Seiten unter Neigungen von 45 bis
50°, ja von 60 bis 65° ab, und gewinnen dadurch
das Ansehen schlanker, kühner Felsnadeln. Jene großartigen Wände der Jungfrau, die über dem Thal
von Grindelwald aufsteigen, haben sogar eine Neigung von 70 bis 75°, genug, um auf den Beschauer

den Eindruck eines senkrechten Absturzes hervorzu-
bringen.

Eine wunderbare Ruhe war über mich gekommen,
als sich so allmälig das Chaos von Fels und Eis
vor meinem Blicke gestaltete und ordnete; es war, als
ob ich mit dieser Umschau über die Alpenwelt auch
eine Umschau über meine innere Welt gehalten hätte.
Eine ungeahnte Fülle von Bildern und Gedanken begann sich in mir zu regen, und es war nun wieder,
als ob diese Regungen draußen einen Widerhall fän-
den. Leichte Nebelflöckchen steigen aus der dunkeln
Schlucht des Hasli herauf; zu dichteren Massen ge-
ballt, stürzen sie über den Todtensee und die Maienwand hinab in das sonnige Wallis; sie verschwimmen
in der Luft wie Geister im Morgenlicht. Drüben
hinter dem Finsteraarhorn und den Schreckhörnern ist
eine dunkle Wolkenwand aufgestiegen, an welcher die
hellen Schneehäupter sich riesig abzeichnen. Feierliche
Ruhe scheint in ihr zu herrschen; aber diese Ruhe ist
nur scheinbar. In ihr gährt es wild; einzelne Flöck-
chen reißen sich los, über die Eisflächen emporwirbelnd;
ganze Wolkenschichten trennen sich, wie ein Gürtel die
majestätischen Schneehäupter zu umschweben. Die Wolke
ist nichts Fertiges, sie besteht nur, indem sie entsteht und
vergeht! Sie ist ein Bild des Gedankens im Menschenhirn,
dieser nimmer rastenden, unablässig sich gestaltenden und
entschwebenden, nur am fernen Hintergrunde als Ganzes
und Fertiges sich darstellenden Erscheinung!

Zweites Kapitel.

Die wüthende Rolla.

Versunken in den Anblick der Schnee - und Alpen=
landschaft, hatte ich von der Kälte nichts empfunden,
die bei meiner dünnen Kleidung leider nur zu viele
Angriffspunkte finden mußte. Bald aber wurde ich
gewahr, daß meine erstarrte Hand kaum noch den Blei=
stift zu führen vermochte, mit dem ich eine flüchtige
Skizze der Gebirgswelt vor mir zu zeichnen versuchte.
Mein Führer bemerkte das, und ohne ein Wort zu
sagen, öffnete er die Tasche, die er getragen, und
holte ein Paar Flaschen Neuenburger und einige derbe
Stücke gebratenen Ziegenfleisches hervor, die uns der
Grimselwirth eingepackt hatte. Ein Frühstück auf
solchen Höhen und in solcher Umgebung ist ein unbe=
schreiblicher Genuß, und nie habe ich mich bei Austern
und Champagner so behaglich gefühlt, als bei diesem
einfachen Mahle. Mein Führer selbst konnte sich die=
ser Wirkung nicht entziehen, und so schweigsam er bis=
her gewesen war, so gesprächig wurde er jetzt. Er
zeigte mir den Weg, auf dem wir zum Aargletscher
niedersteigen wollten, und der freilich nicht viel Ein=
ladendes hatte, da er anfangs auf dem Rücken eines
wild zerrissenen Kammes, dann an den schroffen Ab=
hängen des Zinkenhornes hinabführte. Die Höhe und
Beschaffenheit dieses Abhanges konnte allerdings nur

aus Verhältnissen erschlossen werden, aber diese waren
deutlich genug, wenn man auf das schmale Band des
Aargletschers blickte und bedachte, daß dieses Band in
Wirklichkeit über eine Viertelmeile breit, und daß die
schwarzen Streifen auf ihm Steinwälle von 80 bis
100 Fuß Höhe darstellten.

„Wird der Aargletscher oft auf diesem Wege be-
sucht?" fragte ich. „Das gerade nicht!" erwiderte
der Führer. „Die meisten Touristen ziehen den be-
quemeren Weg unten im Thale durch den Aarboden
vor. Die Meisten machen sogar am Fuße des Gletschers
Halt und wundern sich dann, daß dieser schmutzig
graue, 300 Fuß hohe Trümmerwall der Gletscher sein
soll. Seit einigen Jahren ist es freilich auch unter
gewissen abenteuersüchtigen Touristen Mode geworden,
den ganzen Aargletscher seiner Länge nach zu begehen,
um über die Strahleck dort oben an den Schreckhörnern vorüber, nach einer 10stündigen Wanderung über
Eis und Schnee, Grindelwald zu erreichen. Das ist
freilich kein Heldenstück; denn selbst Damen lassen sich
hinübertragen. Aber die Herren sollten nur einmal
nach meiner Heimat, nach meinem lieben Graubünden
kommen, wo die Gletscher schimmernd und funkelnd,
gleich riesigen Eiszapfen von den schwarzen Felswänden
herabhängen. Diese Gletscher des Oberlandes machen
es den Leuten überhaupt gar zu bequem. Dieser Aargletscher kommt mir wie eine Straße vor, die mitten
in das Herz des Gebirges hineinführt. Freilich könn-

ten wir vielleicht alle unsere Graubündner Gletscher zusammenpacken, um nur einen solchen Aargletscher aufzubauen; denn die Naturforscher sagen, er sei über 1000 Fuß dick, und über vier Stunden ist er lang. Aber unsere kleinen Gletscher verhalten sich zu diesem langen, wie romantische Gebirgsbäche zu einem trägen Strom. Nur dem Blick des Touristen, nicht seinem Fuß erreichbar, schweben sie da oben in ihren luftigen Höhen, zu denen kaum einmal der Gemsjäger oder der Sennhirt, oder ein unerschrockner Naturforscher gelangt." „Sehen Sie, diese Gletscher haben auch eine Geschichte und machen auch eine Geschichte", fuhr er fort. „Von ihrer alten Geschichte werden Ihnen die geschliffnen Felsen, über die wir heraufgekommen sind, am Ende mehr erzählt haben, als ich davon weiß. Aber sehen Sie dort unten den Aarboden, durch den wir zur Grimsel hinuntergehen werden! Das war einst ein fruchtbares, blühendes Weideland und hieß die Blümlisalp; jetzt ist es eine wüste Trümmerstätte, vom Geröll des vorrückenden Gletschers überlagert. Und glauben Sie mir, es sind nicht bloß verwüstete Landschaften, welche solche Trümmerstätten oft bergen!"

Es lag in diesen Worten eine Innigkeit des Gefühls, die ich in diesem rauhen Sohn der Berge nicht gesucht hätte. Es mußte sich eine Geschichte dahinter bergen, es mußte eine Trümmerstätte in seinem eignen Leben geben, an welcher die Naturgewalten seines Heimatlandes einen besonderen Antheil hatten. Ich nahm

mir vor diese Geschichte zu ergründen, und es war
mir, als ob das mit zu meinem Berufe gehörte; denn
die Geschichte eines Naturmenschen ist ein Theil der
Geschichte der Natur selbst.

„Wir Alpenbewohner", fuhr der Mann in jenem grübelnden Nachsinnen fort, das allen in Einsamkeit und Abgeschlossenheit Lebenden so eigenthümlich
ist, „wir Alpenbewohner stehen in unserm Leben und
Thun unter ganz andern Einflüssen, als ihr draußen
im Reich. Bei uns sind die Naturereignisse oft mächtiger, als Geburt, Erziehung und Wille. Ein ein-
ziges Ereigniß gründet oder zerstört unser Glück, schafft
oder nimmt uns unsere Heimat. Unter Gletscherbrüchen
und Lavinenstürzen, unter Schneestürmen oder im
Donner der Bergwasser werden unsere Lebenspläne,
unsere Entschlüsse, unsere Herzensregungen geboren.
Eure Vergehungen rächen sich an dem Einzelnen, und
Gras wächst über eurer Schuld; unser Vergehen vernichtet ganze Familien, und unsere Schuld breitet sich
in Trümmerflächen aus, die nach Jahrtausenden noch
der Nachwelt davon erzählen. Und doch lieben wir
unsere Natur und lieben sie vielleicht gerade darum,
weil wir uns von ihr abhängig wissen, weil sie uns
erzieht, aber auch straft. Doch wozu davon reden!"
unterbrach er sich plötzlich. „Wären wir in Graubünden, da wollte ich Ihnen manche Trümmerstätte
zeigen, oder als diese am Fuße des Aargletschers, und
nicht von Gletschern, sondern von Runsen und La-

vinen verursacht, unter welcher das Glück ganzer Familien und Gemeinden begraben liegt.“

„Vielleicht auch das Ihre?“ fragte ich zögernd,
da ich nicht zudringlich erscheinen mochte.

„Nein, nein!“ erwiderte er abwehrend, „mein
Glück liegt anderswo begraben. Aber das Geschick
meiner Eltern knüpft sich an eine solche Trümmerstätte,
und eines der furchtbarsten Ereignisse, das Graubünden
seit Jahrhunderten betroffen, ist darin verwebt. Es
ist eine einfache Geschichte, und wenn Sie Lust haben,
will ich sie Ihnen erzählen. Sie werden daraus wenigstens sehen, wie schwer die Natur bei uns jeden
Eingriff in ihre Gesetze bestraft.“

Und so erzählte er mir denn eine Geschichte, die
freilich auf der Spitze des Sibelhorns sich anders an-
hören mochte, als am warmen Winterofen, die aber
dem Leser doch wenigstens ein Bild geben wird von
den Wechselbeziehungen, die in den Alpen zwischen den
Leidenschaften der Natur und den Leidenschaften des
menschlichen Herzens bestehen.

Kennst du das Domleschgthal, lieber Leser? Hast
du es einmal, nicht im verschlossenen Postwagen, sondern im offnen Einspänner durchfahren von Reichenau
bis zu jenem engen Thor, welches dir die Herrlich-
keiten Italiens erschloß? Weich erblauend breitet es
sich vor dir aus. 8 bis 9000 Fuß hohe Berge umschließen es von allen Seiten. Aber an ihren sanften

Gehängen breiten sich grüne, blumenreiche Matten aus,
geschmückt mit zahlreichen Dörfern. Von jedem Hügel,
jedem Felsvorsprung schauen die Trümmer von Burgen
herab, alten Burgen, die zum Theil vor 6 Jahrhun=
derten schon zerstört wurden, als man in vielen unserer
deutschen Lande erst Burgen zu bauen begann, und
hier wie dort erzählen sie von blutigen Kämpfen, die
das Volk mit seinen übermüthigen Herren zu bestehen
hatte. Einen seltsamen Kontrast gegen diese heitere,
malerische Landschaft bildet die Sohle des Thales.
Durch ein breites, sandiges, von wilden Blöcken über=
säetes Bett, zwischen öden Schuttwällen hin, wälzt
hier der Hinterrhein seine trüben, grauen, wildfluthen=
den Gewässer. Im Hintergrunde scheint ein mächtiger
Gebirgskranz das Thal völlig zu schließen. Links
erhebt sich über waldigen Hügeln der hohe, jäh an=
steigende Felsenkoloß des Johannissteins, gekrönt von
der schönsten Zierde des Thales, der stolzen Rhäalta,
jener fabelhaften Königsburg, von welcher herab einst
Rhätus sein neues Reich regiert haben soll. Rechts
über den lieblichen, mit Dörfern und Sennhütten reich
besäeten Terrassen des Heinzenberges erhebt sich maje=
stätisch der Piz Beverin mit seinen Firnfeldern und
Gletschern. An seinem Fuße aber öffnet sich eine
finstere, grauenvolle Schlucht, aus welcher über schwar=
zes Schiefergeröll der wilde, schmutzige Gebirgsbach
der Nolla hervorströmt. So wüst ist dieser Anblick,
daß man meint, nicht fließendes Wasser, sondern be=

wegte Steine zu sehen, daß man nicht vor Jahren, sondern heut erst diese hausgroßen Blöcke am Ausgang der Schlucht abgesetzt wähnt. Unweit dieser Trümmerstätte, da wo sich die schwarzen Fluthen der Nolla mit dem hellgrünen Wasser des Rheins mischen, erhebt sich jetzt der schönste Ort des ganzen Bündner Landes, das stadtähnliche Dorf Thusis, das Tuscia der Vorzeit.

Ein 5000 Fuß hoher Felsendamm, der sich vom Piz Beverin zum Mutterhorn hinüberzieht, verschließt im Süden das Domleschg. Du wunderst dich, wohin die breite, schöne Straße dich noch führen soll. Du überschreitest die Nollabrücke, und siehe der Felsendamm ist zerrissen, eine furchtbare Kluft gähnt dir entgegen, aus welcher der jugendliche Rhein wildschäumend hervorbricht. In diese Kluft wendet sich die Straße. Die kahlen Felsenmauern scheinen sie zu verschlingen, so nahe drängen sie sich an einander; aber bald sich hinschmiegend an diesen Wänden, bald trotzig vorspringende Felsenstirnen durchbohrend, bald kühn die schauerliche Tiefe überspringend, führt dich die Straße sicher durch dieses Thor der Schrecken in das liebliche Schamserthal hinab, aus dem eine ähnliche, wilde Pforte dir die Wege nach Italien über den Bernardin oder den Splügen öffnet. Das ist die berühmte Via-Mala, die Straße der Schrecken. Die Strahlen der Sonne dringen nur vereinzelt in ihre Nacht, und nur der Donner der Wasserstürze schallt aus der Tiefe

herauf, in der ungesehen und unnahbar der Rhein
seinen schäumenden Kampf mit dem Felsgestein führt.

Zur Zeit, als meine Geschichte sich zutrug, also
im Anfang dieses Jahrhunderts, sah es noch anders
hier aus. Damals führte noch keine solche breite
Chaussee durch die wilde Schlucht, spannten sich noch
nicht Telegraphendrähte über den schwarzen Abgrund.
Die historische Via-Mala war ein rauher, steiler Pfad,
der sich durch die Nollaschlucht hinauf über den Hof
Rongella auf dem linken Ufer des Rheins am Piz
Beverin hinzog. Nur das „verlorne Loch", das schon
vor 380 Jahren von den Tosanern gesprengt wurde,
ist noch ein Rest jener Straße. Aber auch das Nolla=
thal bot damals einen andern Anblick. Blühende
Wiesen umlagerten die Ufer des Baches, wenn auch
freilich schon mancher wüste, schwarze Fleck im grünen
Teppich verrieth, daß er zu Zeiten das „wüthende
Wässerle" sein könne, das ihn schon die Chroniken
nannten. Auch Thusis lag damals auf einer andern
Stelle, als heute. Drei Mal war es im Laufe von
zwei Jahrhunderten ein Raub der Flammen geworden,
und mit gefräßiger Gier unterwühlte die Nolla seinen
Boden, aber damals trotzte es noch den feindlichen
Naturgewalten. Erst als zum vierten Male vor 14
Jahren die Furie des Feuers über das friedliche Dorf
hereinbrach, da verließen die Tosaner den rauchenden
Aschenhaufen, um sich weiter unten in geschützterer
Lage anzubauen. So war die Landschaft freilich eine

andere zur Zeit meiner Geschichte; aber der Mensch
mit seinen Leidenschaften war derselbe wie heut.

Es war im April des Jahres 1807, als ein
einsamer Wandrer durch die alte Via = Mala dahin=
schritt. Es war noch ein junger, kräftiger Mann,
und die Sicherheit seines Blickes, mit dem er die klei=
nen, flüchtigen Wolken am Himmel verfolgte, die Ju=
belrufe, mit denen er die schroffen Felswände der
Schlucht begrüßte, zeigten, daß er ein Sohn dieser
Berge sei. Aber das gebräunte Gesicht, die soldatische
Haltung und Kleidung ließen auch keinen Zweifel, daß
er zu jenen Söhnen der freien Schweiz gehörte, die
noch alljährlich zu Hunderten und Tausenden hinaus=
ziehen, um als Knechte fremden Despoten zu dienen,
in der Hoffnung, von dem Erlös ihrer Knechtschaft
sich einst in der Heimat einen sicheren Heerd zu be=
gründen. Er hatte ein kleines Besitzthum in Thusis,
das ihn aber nicht zu ernähren vermochte, und so
hatte er Jahre lang das müh = und gefahrvolle Ge=
schäft eines Holzers betrieben. Aber die Liebe zu ei=
nem jungen Mädchen, das, arm wie er, von dem
strengen Vater dem armen Holzer hartnäckig verweigert
wurde, hatte ihn vor Jahren in die Fremde getrie=
ben. Die Napoleonischen Kriege in Italien hatten
ihm Gelegenheit zu reichem Verdienst gewährt, und
längst hatte er des Zeitpunktes geharrt, wo die Lö=
sung seiner eingegangenen Verpflichtungen ihm die
Rückkehr in die Heimat gestatten würde. Endlich schien

der Krieg zu Ende; Neapel war von Joseph Bo=
naparte erobert, und die von Napoleon entthronte
Dynastie bedurfte seiner Dienste nicht länger. Das
Frühjahr 1807 hatte ihm die Freiheit gegeben, und
er säumte nicht, sie zu benutzen. Freudigen Muthes
zog er jetzt heimwärts; denn sein Erwerb sicherte ihm
in seiner bescheidenen Heimat eine sorgenlose Zukunft.
Zwar kein Eltern= oder Geschwisterherz schlug ihm von
dort entgegen, und von dem Mädchen seiner Liebe
hatte er längst keine Kunde; aber die Hoffnung eines
süßen Glückes mischte sich doch insgeheim in den Ju=
bel, mit dem er seine heimischen Berge grüßte.

Die Frühlingsmonate sind keineswegs zu einer
Wanderung durch die Alpen geeignet. Der Frühling
ist hier kein blumengeschmücktes, lachendes Kind, wie
in den Fluren der Ebenen; donnernd und brausend
zieht er wie ein trotziger Sieger in die Alpen ein.
Noch schien der Winter in ungestörter Ruhe über dem
Gebirge zu rasten. Die Schneemassen lasteten schwer
auf Weiden, Wäldern und Halden, Klüfte und Fel=
sen verhüllend, und die ganze Landschaft in die All=
gemeinheit weißer, glänzender Wellenformen auflösend.
Das Auge der Berge, der blaue Bergsee schlummerte
noch träumend von den Wundern seiner Tiefe unter
der starren Fläche, die ihn bedeckte. Aber schon in
den letzten Tagen hatten lauliche, wärmere Luftzüge
dem Wanderer das Kommen einer neuen Zeit verkün=
det. Die Sonne war gestern an einem stark gerö=

theten Himmel bleich und glanzlos untergegangen, und
einzelne heftige Windstöße hatten in der Nacht die
Stille der Natur unterbrochen. Sein freundlicher Wirth
in Andeer hatte ihn dringend gewarnt, die Via = Mala
heute zu betreten. Aber es trennten ihn ja nur noch
wenige Stunden von seiner Heimat. Jetzt war es
gegen Mittag. Die Luft war wunderbar klar und
durchsichtig, die fernen Berge schimmerten in violetter
Färbung. Nur hoch an den Bergspitzen lagerte ein
leichtes Schleiergewölk. Da erfolgten plötzlich einige
heftige Windstöße, dann trat eine unheimliche Stille
ein; und nun begann ein Rauschen und Tönen, als
ob die ganze Natur mit einem Schlage in einen
wilden Aufruhr versetzt sei. Der Fön war herein=
gebrochen.

Der Fön mußte schon einige Tage in den Höhen
geherrscht und die Auflösung der Schnee = und Eis=
massen vorbereitet haben. Denn bald begann es dort
oben zu rieseln und zu rauschen, zu donnern und zu
krachen, als ob die Berge lebendig würden. Die Fel=
sen tropften, kleine Bäche drängten sich unter den
Schneewänden hervor, und Eiszacken und ganze Eis=
säulen stürzten von den überhängenden Felsenmauern
auf die Straße nieder, theils mit ihren Splittern die
Luft mit tausend knatternden Tönen erfüllend, theils
wie eiserne Keile in den Damm einschlagend. Mit
jedem Schritt kreuzten neue Gefahren den Pfad des
Wandrers. Aber nicht umsonst hatten die Kugeln der

Franzosen um seinen Kopf gepfiffen, nicht umsonst war er unter Schnee = und Eisstürzen aufgewachsen. Ruhigen, festen Blickes schaute er an den Bergwänden hinauf; denn jede Stelle war ihm bekannt, wo alljährlich die Frühlingslawinen zu stürzen pflegten, und ihre Wege blieben bekanntlich unverändert. Pfeilschnell glitt er eine Strecke weit dicht an den Felswänden hin, dann stand er einen Augenblick still, von Neuem den spähenden Blick aufwärts zu richten.

Jetzt hatte er die Stelle erreicht, wo die Straße sich nach Hof Rongella abwendet. Die Schlucht erweitert sich hier zu einem Kessel, die Felswände treten etwas zurück, und darüber erblickt man die Schneehalden des Piz Beverin. Der Fön tobte ziemlich heftig in diesem Thalkessel und erfüllte die Luft mit den aufgewirbelten Schneemassen der Höhen. Dieser Schneenebel war so dicht, daß unser Wandrer kaum noch einige Schritte weit die Gegenstände unterscheiden konnte, und dennoch war es ihm, als ob menschliche Gestalten sich vor ihm bewegten. Schon beschleunigte er seine Schritte, um diese zu erreichen, als plötzlich von oben her ein dumpfes Donnern an sein Ohr schlug, dem schnell ein unaussprechlich wildes, halb dröhnendes, halb knirschendes Gepolter und endlich ein Krachen folgte, als ob Wälder und Felsen über ihm zusammenbrächen. Mit einem Sprunge hatte unsrer Wandrer die nahe Felsenwand erreicht, an die er sich krampfhaft anschmiegte. Jetzt senkte sich dicht vor ihm eine

3 *

dunkle, graue Masse wie ein haushoher Berg hernieder; ein entsetzlicher Schlag erfolgte, dann zerriß
plötzlich dieser Berg in seiner Mitte, und eine Hälfte
stürzte sich umwälzend weiter hinab in den Abgrund.
Noch hörte man Secunden lang das donnernde Krachen
der fortschreitenden Lawine aus der Tiefe herauf, noch
rasselten von oben her niedergebrochene Baumstämme,
Steinblöcke und einzelne Schneeklumpen, und mitten
durch diese wilden Töne drang der Angstschrei einer
menschlichen Stimme.

Eine bange Stille folgte dem entsetzlichen Ereigniß; selbst der Fön ruhte für einen Augenblick, durch
den Luftdruck der stürzenden Schneemassen in seiner
Macht gebrochen. Da ertönte auf's Neue jener Schrei,
jetzt deutlich der Hilferuf einer weiblichen Stimme.
In einer Art von Betäubung hatte unser Wandrer so
lange an den Felsen gelehnt gestanden; der Klang dieser Stimme aber gab ihm seine ganze Besonnenheit
wieder. Eine 30 Fuß hohe Schneewand versperrte die
Straße; aber bald hatte er sich am Fuße derselben
einen Weg gebahnt. Jetzt stand er jenseits der La-
winentrümmer. Hier knieete mitten unter wild umhergeschleuderten Schnee = und Steinmassen ein junges
Mädchen über die am Boden liegende Gestalt eines
alten Mannes gebeugt, aus dessen grauen Haaren ein
Blutstrom hervorquoll. „Mareili!" rief er erstaunt,
als das bleiche, angsterfüllte Gesicht des Mädchens —
sich dem Nahenden zuwandte, und er in ihr die Ge-

liebte seiner Jugend erkannte. „Jakob, rette meinen
Vater!" rief ihm flehend das Mädchen entgegen. Das
war der Willkomm zweier Liebenden, die nach jahre-
langer Trennung sich hier unter den wildesten Schreck-
nissen ihrer heimatlichen Natur so unerwartet wieder-
fanden. Kein Händedruck, kein Blick, kein Laut
verrieth, was sie für einander empfanden. Sie knieeten
bei dem anscheinend leblosen, hingestreckten Greise,
und sein Blut floß über ihre Hände. Nach langem
Bemühen gelang es, den Blutstrom zu hemmen; auch
das Bewußtsein kehrte allmälig wieder, und eine nähere
Untersuchung ließ auch die Wunde als gefahrlos erscheinen. „Rongella ist nicht weit", sagte Jacob
nach vergeblichen Versuchen, den Alten auf die Beine
zu bringen, „und von dort kann ich bald Hilfe
schaffen. Aber erst muß ich Euch an einen sicheren
Ort bringen; denn hier, wo jeden Augenblick neue
Lawinenstürze zu erwarten sind, dürft ihr nicht bleiben."

Bald war ein sicherer Zufluchtsort für Vater und
Tochter unter einem überhängenden Felsen in der Nähe
gefunden, und Jakob eilte, um von Rongella Leute
herbeizuholen, die den noch immer halb Besinnungs-
losen nach Thusis hinabschaffen sollten. Mit Hilfe
einer Trage wurde dies auch ausgeführt; aber es war
später Abend geworden, als man mit dem Verwunde-
ten vor der Thür seines Hauses anlangte. Hier über-
ließ ihn Jacob der Pflege seiner Tochter und einer
herbeigerufenen Verwandten und begab sich mit den

ihn freudig willkommen heißenden Burschen des Dorfes in das Wirthshaus; — denn elegante Hotels,
wie heute, sah man damals noch nicht in Thusis, weil
es noch keine reisenden Engländer dort gab. Hier erfuhr er denn auch bald die Veränderung, die während
seiner Abwesenheit in den äußeren Umständen des Alten
vorgegangen war. Es war nicht mehr der arme Holzer, wie er ihn verlassen; jetzt kannte man ihn nur
noch als den reichen Holzmichel. Kurz nach der Entfernung Jacob's war der alte Michel, wie man ver-
muthete, durch eine Erbschaft zu einem kleinen Kapi-
tale gekommen und hatte damit einen einträglichen
Holzhandel begonnen. Die Kriegsereignisse begünstig-
ten seine Unternehmungen. Bedeutende Lieferungen
von Schiffsbauholz nach Frankreich vermehrten seine
Reichthümer so schnell, daß er bald als der wohlha-
bendste Mann des Ortes galt. Er beschäftigte jetzt
nicht allein zahlreiche Arbeiter in den Holzungen des
Rollathales und der Via-Mala, sondern er hatte auch
bedeutende Ländereien im nahen Dorfe Sils angekauft
und sich seit Kurzem ein Haus gebaut, wie es statt-
licher noch nicht in diesem einfachen Thale gesehen
war. Im Uebrigen war er unverändert der Alte geblieben, mürrisch, verschlossen, jähzornig, und wenn
er sonst von seinen Genossen keinen Scherz vertragen
konnte, so war ihm jetzt jeder Widerspruch unerträg-
lich; wenn man ihn sonst stolz genannt hatte, so war
er jetzt hochmüthig. Beliebt war er darum auch bei

Niemanden; still und abgeschlossen lebte er mit seiner Tochter in seinem schönen Hause, mit dieser allein ein wirklich inniges Verhältniß pflegend. Mareili war es auch allein, die eine gewisse Macht über ihn ausübte. So hatte sie auch heute, als ihr Vater, troß der sicheren Anzeichen des hereinbrechenden Fön, hartnäckig darauf bestand, eine Wanderung nach seinen Holzschlägen zu unternehmen, nicht eher mit Bitten nachgelassen, bis er es ihr gestattete, ihn zu begleiten. Dieser Gang war auch ganz glücklich abgelaufen, und sie befanden sich bereits auf dem Heimwege, als das Unwetter sie überraschte. Aber beide waren zu sehr mit den Naturerscheinungen ihrer Berge vertraut, als daß sie sich deshalb geängstigt hätten. Nur der Schneesturm hielt sie in der Nähe jener Unglücksstelle eine Zeit lang auf, und so brach denn der Lawinendonner über ihren Häuptern los. Die Lawine selbst hatte zwar Niemanden erreicht; aber einer der zahllos umhergeschleuderten Steine, die ihren Sturz begleiteten, hatte den alten Mann am Kopfe verwundet. Die Betäubung war indeß bedeutender gewesen, als die Wunde selbst, wie die Folge lehrte; denn schon nach wenigen Tagen sah man den reichen Holzmichel wieder völlig genesen aus seiner Thür treten; nur schien sein Kopf noch härter und seine Stirn noch finsterer geworden.

Jacob war natürlich bald in dem Hause des reichen Holzmichel ein täglicher Gast. Seinem Retter

konnte der Alte doch nicht die Thür verschließen, und
selbst seiner offnen Werbung um die Hand Marei=
li's mußte er nichts entgegenzusetzen, da Jacob auch
nicht mehr der arme Holzer, sondern, nachdem er sich
mit Hilfe des in der Fremde Erworbenen und einer
kleinen, ihm inzwischen zugefallenen Erbschaft eine an=
sehnliche Wirthschaft in Ober=Tschappina angekauft
hatte, ein begüterter Freier. Aber je inniger sich das
Verhältniß der beiden Liebenden gestaltete, desto deut=
licher wurde es Jacob, daß der Alte nur auf eine
Gelegenheit wartete, ihm den Laufpaß zu geben.
Und diese Gelegenheit sollte nicht ausbleiben.

Der Sommer nahte seinem Ende, und Jacob
war noch immer nicht zu seinen alten Freunden, den
Holzern droben im Hochwalde, gekommen. Ein Neu=
bau, den er jetzt in seinen Besitzungen vorzunehmen
hatte, und zu dem er Bauholz brauchte, erinnerte
ihn endlich an die versäumte Pflicht. Es war einer
der lieblichsten Augustmorgen, an welchem er sich auf
den Weg zu den wilden Abhängen des Rollathals und
der Via=Mala machte, an welchen die Holzer ihr ge=
fahrvolles Geschäft treiben. Er ahnte nicht, wie
verhängnißvoll dieser Gang für seine Liebe wer=
den sollte.

Der Holzer der Hochberge ist kein gewöhnlicher
Mensch. Heiterer Sinn, Körperkraft und Gesundheit,
sichere Hand und schwindelfreier Kopf, rastlose Aus=
dauer, Geistesgegenwart und Scharfsinn, das sind

unerläßliche Eigenschaften für einen solchen Holzer.
Man muß dazu erzogen sein, um sich in die Entbeh=
rungen, Anstrengungen und Eigenthümlichkeiten die=
ses Gewerbes zu finden. Für einen richtigen Holzer
zeigt sich das Gewerbe dann aber auch dankbar; es
gewährt ihm fast das ganze Jahr hindurch Beschäfti=
gung und einen für die abgeschlossene Gebirgswelt sehr
ansehnlichen Lohn.

Mit dem ersten Frühlicht steigt der Holzer auf
schauerlichen Pfaden an Felszacken und Klippen hinauf
in den Hochwald. Oft bleibt er die ganze Woche hier
oben, nur am Sonntage etwa in einer einfachen Bret=
terhütte am Rande einer Lichtung der Ruhe genießend,
und selten steigt er in das Dorf hinab, um mit an=
dern Menschen zu verkehren und sich bei einem Schop=
pen Landwein oder an Spiel und Tanz zu vergnügen.
Von Früh bis Abend hört man die hellen Schläge
seiner Axt oder das Schnarren der Säge, bisweilen
vom dumpfen Krachen niederstürzender Bäume unter=
brochen. Oft mußte der Holzer sich an Seilen über
einen Abhang hinablassen, um einem Baume beizu=
kommen; oft mußte er ihn zuvor der schweren Zweige
berauben oder dem sinkenden Baum während des Sä=
gens mit Hilfe einer Stange eine Richtung geben,
damit er nicht in einen unzugänglichen Abgrund stürzte.
Endlich liegen nun wie gemähte Halme die riesigen
Stämme und Scheite am jähen Abhang oder am
Rande der Schlucht durcheinander. Jetzt gilt es, das

gefällte Holz in Sicherheit zu bringen, es in das Thal, auf die Straßen, auf flößbare Flüsse zu schaffen.

Wenn haushoher Schnee die Berghänge deckt und tückisch dem Blicke die gähnenden Klüfte und Spalten birgt, oder wenn der Schneesturm rasende Wirbel um die Felsenecken schleudert, dann drückt der Holzer tiefer den Hut in's Gesicht, zieht seinen Schlitten die steile Felswand hinauf, beladet ihn mit Holzscheiten und schleppt ihn am schwindelnden Abgrunde hin bis zu einer Stelle, wo in einer steilen Felsrinne durch Baumstämme und Pfähle künstlich eine Bahn geschaffen worden ist, auf welcher das Holz über Schlünde und Schluchten hin Stunden weit von Absatz zu Absatz in die Tiefe gleiten kann. Da steht er dann vielleicht, vom Wintersturm umbraust, auf einem schmalen Vorsprunge oder auf übereisten Baumstämmen, über einem thurmtiefen Abgrund, um einzelne aus der Bahn gewichene Stämme den übrigen pfeilschnell neben ihm herabschießenden nachzusenden. Oder wenn im Frühjahr die Schneewasser von den Bergen rinnen, dann hat er sich eine solche Schlucht durch ein rohes Zimmerwerk zu einem Kanal umgeschaffen, in welchem er das Holz abwärts schwemmt, hat sich Schleusen und Dämme gebaut, über die er das aufgestaute Wasser mit den gesammelten Scheiten in die tiefe Schlucht hinabschießen läßt. Dann kann man ihn mitten in dem wilden Getümmel sehen, wie er oft bis an die Brust

in dem eiskalten Waſſer ſteht, oder von Klippe zu
Klippe ſpringend, ſelbſt über die ſchwankenden Scheite
hinweg, um mit ſeiner Stange die ſich ſtauenden Holz-
maſſen in Bewegung zu bringen. Dort, wo der jähe
Spalt der Via=Mala die öſtlichen reich bewaldeten
Klippen von der Straße trennt, ſieht man heutigen
Tages eine ſinnreiche Vorrichtung, um die gefällten
Stämme von einer Felswand zur andern, über den
Abgrund hinweg, in den Bereich des Menſchen zu
bringen. Auf jeder Seite der Schlucht iſt an einem
einfachen Holzgerüſte ein Flaſchenzug befeſtigt, und
dazwiſchen läuft ein ſtarkes Seil. An dieſem Seile
rollt das Holz über den Abgrund hin, oft mehrere
hundert Fuß weit, bis zu der Stelle, wo die Wagen halten.

Aber nicht zu jenen Holzſchlägen der Via=Mala,
ſondern zu den waldbewachſenen Gehängen, die ſich
vom Piz Beverin ſchroff in das Roßathal hinabſen-
ken, lenkte Jacob ſeine Schritte. Heiteren Sinnes
durchwandelte er die grüne Sohle des Thales. Er
gedachte der unbeſtimmten Hoffnungen, mit welchen er
vor wenigen Monaten ſein Vaterland wieder betreten
hatte, und wie ſüß verſprachen ſie nun in Erfüllung
zu gehen! Noch geſtern Abend hatte er ſeiner Mareili das Geſtändniß der Liebe entlockt, und ihr Vater war nie freundlicher gegen ihn geweſen, als beim
letzten Abſchied. Hatte er ſein Hüttchen erſt vollendet, dann führte er die Geliebte ſeiner Jugend heim.

Wie sollte er nicht heiter sein, die Liebe und die
Hoffnung im Herzen, und den Morgensonnenglanz auf
dem grünen Rasen zu seinen Füßen! Als er aber den
düstern Waldsaum am Fuße des Beverin betrat, und
ihn ein feuchtes, nie von einem Sonnenstrahl gelich=
tetes Dunkel umfing, da wandelte ihn ein seltsam
banger Schauer an. Ueber moderndes Gestrüpp, über
wild durch einander gestürzte, abgestorbene Baumstämme
mußte er sich den Weg bahnen. Bisweilen schossen
schroffe, thurmhohe Zinnen unmittelbar vor ihm aus
der Thalsohle empor. Von Gletscherschlamm getrübte
Wildbäche brausten über Kalk= und Schieferblöcke da=
her. Wie oft war er früher diesen wilden Weg ge=
wandelt, und doch war es ihm, als ob ihn das Ge=
dächtniß verlassen, als ob er den Weg nicht mehr
kenne. Da wo er sonst in einer schmalen Thalfurche
aufwärts gestiegen war, starrte ihm jetzt die finstere
Schlucht eines Tobels entgegen. Er mußte sich seit=
wärts an einer steilen Schutthalde hinauf einen Weg
suchen. Je höher er stieg, desto öder, trauriger wurde
der Anblick. Nichts als wilde Schuttmassen, die selbst
die Stümpfe des abgeschlagenen Waldes, den er noch
vor wenigen Jahren hier gekannt hatte, begraben zu
haben schienen; kaum ein grünes Rasenfleckchen, das
einmal an einer sanfter geneigten Stelle leuchtete!

Endlich war die Höhe erreicht; vor ihm lag der
Schauplatz der jüngsten Zerstörung, und mitten unter
den gefällten Riesenstämmen des Waldes war eine

Schaar gebräunter, verwetterter Gesellen mit Axt und
Säge beschäftigt, das zerstörende Werk zu vollenden.
Aber nicht lange konnte er bei diesem ihm so wohlbe=
kannten und ihn sonst so anheimelnden, jetzt fast un=
heimlich berührenden Anblick verweilen. Bald sah er
sich von seinen Gefährten erblickt und jubelnd in ihren
Kreis gezogen. Da gab es so viel zu fragen und zu
erzählen, da mußte er Diesem Bescheid thun, von Je=
nem sich necken lassen, und hingerissen von seinen Er=
innerungen, ergriff er eine Axt, den Freunden zu
beweisen, daß er die Kraft und Gewandtheit seines
Armes in der Fremde nicht verloren habe. Da fühlte
er plötzlich einen derben Schlag auf seiner Schulter,
und als er sich umwandte, schaute er in das zufrie=
den lächelnde Gesicht des alten Michel. Jacob war
überrascht; noch nie hatte der Alte ihn so wohlwol=
lend angeblickt. Aber es hatte auch seinen guten
Grund. Vielleicht hatte Mareili etwas von ihrem
gestrigen Begegniß fallen lassen; kurz, der Alte hatte
heute Morgen einen Umweg über Tschappina gemacht
und die junge Wirthschaft Jacob's in Augenschein
genommen. Seine Erkundung war befriedigend aus=
gefallen. Jetzt kam noch das stolze Gefühl dazu, seine
Reichthümer zeigen und sich als Brodherrn derselben
Leute bewundern zu lassen, als deren Genossen ihn
Jacob noch vor wenigen Jahren gekannt hatte. „Ist
das nicht ein schöner Holzschlag?‘, wandte er sich an
Jacob. „Das ist das beste Geschäft, das ich bisher

gemacht, und ich follte meinen, es gebe hier noch
manchen hübfchen Stamm, daß die Gemeinden dem
alten Michel Dank wiffen werden, wenn er ihnen
noch manch schönes Stück Geld zuwendet." „Ihr habt
arg in diefen Bergen gewüftet", erwiderte Jacob,
dem die auf dem Herwege gemachten Beobachtungen
wieder einfielen. „Ich habe diefe Berge kaum wieder
erkannt, wilde Tobel gefunden, wo fonft ein alter
Fußpfad fich hinaufzog, Schutt und Trümmer, wo
fonft luftig meine Axtfchläge erfchallten. Aber werden
die Gemeinden nicht einmal Halt machen, werden fie
nicht zur Einficht kommen, daß ihnen oder ihren
Enkeln Gefahr droht, wenn fie diefe Wirthfchaft fo
fort gehen laffen?" „Gefahr! die Gemeinden!" pol=
terte der Alte. „Die Gemeinden werden fich den Teu=
fel darum kümmern, ob ihre Enkel einmal Wälder
fehen, wenn fie ihnen das Geld dafür hinterlaffen!"
„Das meine ich nicht", unterbrach ihn Jacob, der
von dem Gewitter, das in dem Geficht des Alten auf=
zufteigen drohte, keine Ahnung hatte. „Ich meine
andere Gefahren. Hier oben ift mir Manches klar ge=
worden, was ich im Thale von dunkeln Beforgniffen
verlauten hörte. Sonft ift nie eine Lawine in unfer
ftilles Nollathal hinabgedrungen; Wälder hielten fie
auf ihrem Wege auf. Jetzt erzählt man mir, daß fie
feit den letzten Jahren immer regelmäßiger und ver=
heerender in das Thal ftürzen und die Wiefen und
Matten begraben. Die Bergwäffer werden immer wil=

der und schneiden immer tiefer in die Berge ein. Die
Regen- und Schneewasser reißen ganze Felsmassen von
den Thalwänden nieder. Die Schutthalden werden beweglich; diese leicht verwitternden Thon- und Mergel-
schiefer, diese zerklüfteten schwarzen Kalksteine des Piz
Beverin werden unterwaschen, und ihre Gerölle und
Schuttmassen, die sonst von Wald, Gebüsch und Moosen bekleidet und festgehalten waren, rutschen abwärts.
Selbst in Obertschappina ist der Boden nicht mehr
sicher, und Wiesen und Häuser sind bereits gefährdet.
Seht nur die immer schwärzer sich färbenden Fluthen
der Nolla an; sie wird, wenn einmal ungewöhnliche
Regengüsse oder Schneeschmelzen kommen, die Berg-
trümmer in Euer Thusis hinabführen und unser Thal
und eure Aecker begraben. Gibt es denn nicht noch
Wälder genug um Thusis, wo Ihr Euer Holz schlagen könnt, ohne Gefahr über Euch und Eure Enkel
zu bringen?"

Jetzt brach der Zorn des Alten los. „Junger
Bursch", tobte er, „willst du mich lehren, wo ich
mein Holz schlagen soll? Was geht dich das Geschick
des Nollathales an? Meinst du, weil du ein paar
Jahre in der Fremde gewesen, du habest nun Weis-
heit genug mitgebracht, uns Alte zu meistern? Meinst,
meine Wirthschaft schon zu haben, um dich in mein
Geschäft mischen zu können!" „Aber, Vater Michel",
fiel ihm schnell Jacob ins Wort, „fragt doch nur
Eure eignen Leute, ob ich nicht leider zu recht habe,

zu warnen!" „Willst du noch meine Leute aufwie=
geln?" schrie noch ergrimmter der Alte. „Hier bin
ich Herr, und in meinem Hause, dafür stehe ich, wirst
du es nie. Schlag dir das Mädchen aus dem Sinn,
das ist mir zu gut für solche kluge Burschen! Gefah=
ren! Warnen! Jetzt laß dich warnen und komm mei=
nem Hause nicht wieder zu nahe, willst du nicht er=
fahren, daß ich einmal Holzer gewesen!"

Länger hielt aber auch die Geduld Jacobs nicht.
Das Blut schoß ihm in's Gesicht, und eine heftige
Erwiderung schwebte auf seiner Zunge. Es hätte einen
wilden Auftritt gegeben, wenn nicht die Holzer den
Wüthenden in ihre Mitte genommen und trotz seines
Sträubens mit sich fortgezogen hätten. Traurig ver=
abschiedete er sich von ihnen und wankte den Bergab=
hang hinab. Das Geschäft, das ihn heraufgeführt,
war vergessen; Zorn erfüllte ihn ganz und noch mehr
Unmuth, vielleicht über sich selbst, daß er unbeson=
nen das Glück seines Lebens verspielt. Hatte der Alte
nicht am Ende recht: was gingen ihn die Geschicke
des Thales an? Als aber das Rauschen der Wildbäche
an sein Ohr schlug, als er die wüsten Trümmer der
letzten Lawinenstürze erblickte, da stieg eine düstere
Ahnung in ihm auf, daß seine Warnung doch wohl
nicht unberechtigt gewesen.

Einsam saß er nun in seinem stillen Häuschen
in Tschappina. Nur zuweilen wanderte er im Rolla=
thal entlang und blickte sehnsüchtig auf die Rauchsäu-

len, die von dem fernen Thusis aufstiegen. Von seiner Mareili war keine Kunde zu ihm gedrungen, und als er es einmal versucht, an das Haus des alten Michel zu klopfen, hatte er die Thür verschlossen gefunden. Der Herbst war zu Ende gegangen; der Winter hatte sich von den Hochalpen schon in die Thäler hinabgesenkt. Er war dies Mal ganz besonders früh gekommen. Schon im September hatte er einzelne Schneeflockenfluthen über die Berge gestreut. Im October deckte bereits eine mächtige Schneedecke die ganze Flur. Die Bäche waren vereist, die Wasserfälle erstarrt, und an den Büschen funkelte der Reif. Die winterlichen Wege waren hergestellt, und die Schlitten glitten auf ihnen hin und her. Selbst zu den hochgelegenen Viehställen hatte der Hirt sich seine Schneebahn gebrochen. Die Höhen rauchten unter den Schneestürmen, und Alles schien eine feste Dauer dieses winterlichen Gewandes zu verbürgen.

Es war in den ersten Novembertagen, als endlich eine Botschaft seiner Geliebten den einsamen Jacob erreichte. Sie ließ ihn bitten, am nächsten Sonntag nach Sils zu kommen, wo sie ihn im Hause einer Freundin sehen und sprechen wollte. Eine seltsame Verwandlung ging mit dieser Kunde in dem verschlossenen, traurigen Manne vor. Er ward plötzlich wieder heiter, gesprächig, seine ganze Manneskraft schien ihm wiedergekehrt; ein fester Entschluß schien aller Trauer und allem Zweifel ein Ende gemacht zu haben. Es

war ihm, als ob ein Kampf bevorstehe, und den Sohn
der Berge, der sein Leben der Natur abtrotzt, wie
sollte den der Kampf anders als heiter finden! Der
Kampf kam, aber anders, als Jacob gedacht.

Einem vorzeitigen Winter ist in den Hochalpen
am wenigsten zu trauen, und namentlich der November
birgt unter seinem frostigen Grimme oft die schlimm=
sten Tücken. Der Fremde freilich, der diese Schnee=
massen sieht, unter denen die Wälder seufzen, diese
glänzenden Eisspiegel, welche Bäche und See'n decken,
hat keine Ahnung von der zauberhaften Verwandlung,
welche diese Winterlandschaft noch erfahren soll, keine
Ahnung, daß diese schneebedeckten Matten noch einmal
sich mit blühenden Gentianen schmücken können. Der
Alpenbewohner fürchtet diese Verwandlung, fürchtet vor
Allem den Kampf der Naturgewalten, welcher sie
einleitet.

Einem der kältesten Novembertage war eine stille,
kalte Nacht gefolgt. Die Bewohner von Thusis und
Tschappina lagen längst im tiefsten Schlafe. Es ist
um Mitternacht, als sie plötzlich ein dumpfes Gewühl
von Tönen erweckt. Es ist das Brausen des Sturm=
windes, untermischt mit dem dumpfen Rauschen der
fernen Wälder und dem Tosen der Bergbäche, mit dem
unheimlichen Krachen brechender Bäume und hernieder=
geschleuderter Felsstücke. Der Fön ist hereingebrochen.
Vom fernen tropischen Becken des atlantischen Oceans
hat er seine Fluthen herangewälzt bis zur Alpenmauer

der Schweiz. Die kalte Bergluft hat ihn abgekühlt,
und schwer stürzt er nun in die Thäler. Mit seinem
heißen Athem leckt er in gieriger Eile den Schnee von
den Hochbergen. Aber nicht ungestört vollendet er sein
zerstörendes Werk. Dort hinter den Felsen und in
den engen Klüften lauert ein wilder Feind. Der kalte
Nordwind ist es, das Kind der Alpen, die Bise, wie
ihn die Aelpler nennen. Jetzt bricht er aus tausend
Schlupfwinkeln auf einmal hervor, und nun beginnt
ein Kampf der Luftgeister, unter dem die Berge erzit-
tern, Häuser und Wälder krachend zusammenstürzen.
Keiner gönnt dem andern den Sieg. Was der eine
auflöst, sammelt der andere wieder. Den Schnee, den
der heiße Fönwind in flüchtigen Wasserdünsten den
Höhen entführte, schleudert der kalte Nordwind, ver-
dichtet zu gewaltigen Regenströmen, in die Thäler
zurück.

Mit bangem Entsetzen sahen die Bewohner von
Tschappina dem Tageslichte entgegen. Es kam, ein
dunkles, trübes Tageslicht, ein grauenvolles Bild der
Zerstörung zu beleuchten. Der Schnee war in den
wenigen Stunden fast verschwunden; nur in grauen,
schmutzigen Massen lagerte er noch hier und da, vom
strömenden Regen durchwühlt und zerfressen. Drüben
an den Gehängen des Piz Beverin, wo sonst in silbernen Fäden die dünnen Bächlein herniederhingen,
trieben jetzt die Wasserdämonen ihr entsetzliches Spiel.
Das sind nicht mehr Bäche, es sind Ströme. Hoch

oben auf sanft geneigten Triften sammeln sie ihre gel=
ben Fluthen; donnernd fallen sie über die steilen Bö=
schungen der Felsenmauern in das Thal herab, in ih=
rem jähen Sturze die größten Felsblöcke mit sich herab=
reißend, ganze Tannenstämme auf ihren schwarzen
Schlammwellen forttragend. Ihre eigenen Stein= und
Geröllmassen versperren ihnen bisweilen den Weg; die
Wasser stauen sich hinter den plötzlich gebildeten Däm=
men auf, und ihr Bett verlassend, stürzen sie nun
verheerend über Wiesen und Aecker hin. Endlich ist
die Thalsohle erreicht, und die wüthende Nolla nimmt
den Tribut der Höhen in Empfang. Aber welch ein
Anblick bietet sich hier! Sonst ein schmaler, sich in
seinem breiten, steinerfüllten Bett fast verlierender
Bach, wälzt sie jetzt in rasender Wuth nicht Wasser=
fluthen, sondern eine schwarze Schlamm= und Trüm=
mermasse durch das Thal, und das Donnern und
Krachen ihrer wild übereinander hinrollenden Stein=
blöcke tönt weit durch Berg und Thal, die Umwoh=
nenden mit Entsetzen erfüllend.

Mit wie wonnigen Gefühlen hatte noch am ge=
strigen Abend Jacob dem Anbruch dieses Tages ent=
gegengesehen, des Tages, der ihn zu seiner geliebten
Mareili führen sollte! Jetzt war es ein Schreckens=
tag geworden für Tausende von Menschen. Das also
war der Kampf, den er so trotzig fast herbeigesehnt!
In wilder Angst stürzte Jacob beim ersten Tages=
schimmer aus dem Hause. Statt der eisigen Luft, die

noch gestern geweht hatte, empfing ihn eine faft er=
ftickende Wärme. Der Regen ftrömte, der rafende
Sturmwind jagte ihm die fchweren Tropfen in's Ge=
ficht wie Hagelkörner. Durch die Gaffen des Dorfes
raufchten die wilden Bergwäffer, und durch den tiefen
Tobel im Hintergrunde des Dorfes donnerte eine furcht=
bare Runfe herab. Mehrere Häufer waren bereits in
Gefahr, andere waren vom Sturmwind abgedeckt oder
von dem Waffer unterwafchen. Jammernde Menfchen=
ftimmen drangen aus den Häufern hervor, aber fie
verloren fich ungehört in dem Tumult der Naturtöne.

Entfetzt eilte Jacob vorüber an den Scenen des
Schreckens, die fich rings darboten, hinab zur don=
nernden Nolla. Hier fand er bereits eine Anzahl toll=
kühner Männer befchäftigt, mit Stangen, Hacken und
Schaufeln die Aufftauungen der wilden Schlamm= und
Trümmermaffe zu verhindern. Sie ftanden auf den
fteinernen Wuhrdämmen, die man vor Zeiten errichtet
hatte, um die von Gewitterregen oder Schneefchmelze
angefchwellten Fluthen des Gebirgsbaches gegen Wiefen
und Aecker abzudämmen. Aber was halfen Stangen
und Schaufeln gegen diefen rafenden Strom, was ver=
mochten felbft die riefigen Steindämme gegen die Macht
diefer Wafferdämonen, die mit mächtigen Felsftücken
wie mit Kiefeln fpielten! Die fchützenden Dämme
fanken bald in Trümmer, und über fie hin donnerte
die Schlammfluth auf die fchutzlofen Fluren des Nolla=
thales. Düfter fchaute Jacob auf das grauenvolle

Schauspiel, und als seine Blicke sich abwärts gen Thusis wandten, da gedachte er jener dunklen Ahnung, die ihn auf seiner verhängnißvollen Wanderung zu den Holzschlägen des Piz Beverin angewandelt hatte, und deren Erfüllung, vielleicht in diesem Augenblicke schon, wie ein entsetzliches Gericht über Thusis und seine Bewohner — ach, auch über die Heimat seiner Geliebten hereinbrach.

In stumpfer Betäubung hatte Jacob in die unaufhaltsam fortströmende Fluth des Verderbens geschaut. Der Gedanke an seine Geliebte, an das Wort, das er ihr gegeben, rief ihn wach. Sein Wort mußte er lösen, und sollte er darüber zu Grunde gehen. Ach, es galt ja nicht mehr einem süßen Stelldichein, es galt vielleicht schon der Rettung seines Mädchens. Ein gefahrvoller Gang war es, den er antrat. Nur über die Höhen des Heinzenbergs war noch Hoffnung vorhanden, Thusis zu erreichen. Aber auch hier kreuzten zahllose wilde Bergwässer ihm den Weg. Die Stege waren längst weggerissen, und lange mußte er oft an einem solchen wilden Tobel hin und her wandern, ehe es ihm gelang, von Felsblock zu Felsblock springend, oder auf einem schwankenden Baumstamme hinüberzukommen. So war der Abend hereingebrochen, ehe er Thusis erreichte, und es war gut, daß das Dunkel ihn nicht sogleich das ganze entsetzliche Bild überschauen ließ.

Mit steigender Angst hatten die Bewohner von
Thusis seit Anbruch des Tages der nahenden Kata-
strophe entgegengesehen. Mit Stangen und Schaufeln
waren auch sie hinausgezogen in der Hoffnung, die
Gefahr noch von ihren Hütten und Häusern abwenden
zu können. Gegen Mittag brauste das Verderben her-
an. Nicht ein Bach, nicht ein Strom war es, der
sich durch das steinige Bett der Nolla daher wälzte,
— es war ein rauschender Berg. Eine mehr denn
50 Fuß hohe Schutt- und Geschiebemasse wälzte das
Ungeheuer vor sich her, Steine, Scheite, Bäume nach
allen Seiten schleudernd. Das Haus des alten Michel
war eins der nächsten, welches dieser Andrang der wilden Fluth treffen mußte. Alles war entsetzt aus dem
Bereiche der Gefahr entflohen; nur der Alte stand noch,
betäubt und gelähmt von dem grauenvollen Anblick,
vor seinem Hause. Jetzt hatte die wilde Schlammfluth
die Stelle erreicht, wo er stand. Da erhob sich, von
den sich umwälzenden Steinblöcken emporgeschoben, ein
schlanker Stamm aus der schwarzen Fluth, seine Spitze
neigte sich hinüber zum Ufer und traf den Kopf des
alten Michel; er taumelte, er stürzte und verschwand
in dem entsetzlichen Strom. Ein dumpfes Krachen
folgte, man sah das Haus des Alten wanken, und
einen Augenblick darauf war es vom schwarzen Stru-
del verschlungen, und eine wilde Schutt- und Schlamm-
masse deckt seine Stätte.

Mareili war bei dem schauerlichen Ende ihres

Vaters nicht zugegen gewesen. Der Alte hatte sie
fern wissen wollen von dem Schauplatz des bevorstehen=
den Verderbens und sie schon am Morgen fast wider
ihren Willen gedrängt, den beabsichtigten Besuch bei
ihrer Freundin in Sils zu machen. Dorthin eilte
nun Jacob von der wüsten Trümmerstätte von Thusis.
Wie er hinüber gelangen sollte, wußte er noch nicht;
denn zwischen ihm und dem Zufluchtsort seiner Ge=
liebten strömte ja der wilde Hinterrhein, und auch
seine Gewässer mußten ja von der Schneefluth in ent=
setzlicher Weise angeschwellt sein. Aber der Zufall kam
ihm zu Hilfe. Als er an das steinige Ufer des Hin=
terrhein kam, fand er sein Bett fast trocken. Freilich
war die seltsame Erscheinung erklärlich genug. Die
Nolla hatte ihre gewaltige Schutt= und Geschiebemasse
bis in das Rheinbett fortgewälzt und dort eine riesige
Mauer aufgethürmt, welche den Lauf des Flusses
hemmte und seine Gewässer zu einem furchtbar drohen=
den See aufstaute.

Wie ein Retter erschien Jacob seiner Mareili,
die in Angst und Sorge fast hatte vergehen wollen;
denn jetzt, meinte sie, sei Alles überstanden. Ach,
das Schwerste stand ihr ja noch bevor! Nur vorsich=
tig und allmälig theilte ihr Jacob den Verlust des
Vaters mit. Ihre Thränen flossen reichlich, aber auch
sie versiegten endlich, wie ja auch die Thränen des
Himmels einmal versiegen mußten.

Der Kampf der Naturgewalten war zu Ende; der Sturm schwieg; der blaue Himmel wölbte sich wieder friedlich über dem Thale. Die Bergwässer hatten sich verlaufen, und nur der neugebildete See oberhalb Sils drohte noch Gefahr. Schon hatte er eine Tiefe von mehr als 40 Fuß erreicht, und ein plötzlicher Durchbruch hätte ganz Sils und die ganze Sohle des Domletschgthals unter Trümmern begraben. Aber zum Glück wichen die Geschiebe allmälig, und das nachströmende Wasser trieb sie längs des linken Rheinufers hinab. Dadurch wurden aber die Fluthen des Rheins nach Sils hinübergedrängt, und eine Zeit lang schwebte das Dorf in der furchtbarsten Gefahr. Die schönsten Fluren von Sils wurden für immer vernichtet, und neun Zehntheile der Bewohner verloren ihren Grund und Boden.

Nach dem Abfluß des Wassers wurde der entsetzlich entstellte Leichnam des alten Michel gefunden und zur Ruhe bestattet. Frischer Schnee deckte bald das frische Grab; und auch die Trümmer der verwüsteten Landschaft entzog die winterliche Hülle allmälig den Blicken der trauernden Menschen. Aber die Wunden, welche dieser Schreckenstag den schönen Thälern geschlagen, vernarbten bis auf den heutigen Tag nicht. Ein neues Thusis zwar erhob sich auf den Trümmern des alten; aber die Wiesen und Felder von Tschappina, von Thusis und Sils liegen noch unter 15 bis 20 Fuß hohem Schutt begraben, aus dem bisweilen noch

die Krone eines verdorrten Obstbaumes hervorragt.
Das ganze Rollathal und das Domletschg, einst das
lachendste Thal der Schweiz, ist seit jenem Tage in
eine öde Steinwüste verwandelt."

„Das ist die Liebesgeschichte meiner Eltern",
schloß mein Führer seine Erzählung. „Es ist ein
Stück aus der Naturgeschichte dieses Landes und ein
Beispiel, wie die Natur hier den Frevel des Menschen
straft. Sie werden noch manche solche Wüste auf Ih=
ren Wanderungen durch die Alpen finden, welche in
der übeln Waldwirthschaft unsrer Väter ihren Grund
hat. Jetzt ist es etwas besser geworden. Die Ge=
meinden dürfen nicht mehr überall nach Willkür in ih=
ren Waldungen hausen, sie bedürfen zu ihren Verwü=
stungen meist erst der Zustimmung der Cantonsregie=
rung. An vielen Orten hat man sogar schon wieder
angefangen neue Wälder zu pflanzen. Vielleicht kommt
noch eine Zeit, wo von solchen Schreckenstagen, wie
sie das Rollathal erfahren, nur noch Kinder= und
Spinnstuben zu berichten wissen."

„An einem heitern Wintertage wurde durch Prie=
sterhand der Bund meiner Eltern gesegnet. Ihr Reich=
thum war zwar vernichtet, aber noch blieb ihnen genug,
um einer sorgenfreien Zukunft entgegenzugehen. Mein
Vater verkaufte sein Besitzthum in Tschappina und ließ
sich in Thusis nieder; denn der Alpenbewohner liebt
die Stätte der Gefahr. Nach dem frühen Tode meiner
Eltern erbte ich ihr Besitzthum."

„Und warum verläßt Ihr diese Heimat?" fragte
ich, als der Erzähler stockte. „Das ist eine andere
Geschichte", erwiderte er aufstehend, „die ich Ihnen
dort unten erzählen will. Jetzt aber, dächte ich, bräch-
en wir auf; denn wir haben noch einen langen und
beschwerlichen Weg vor uns."

Das war der Morgen, den ich auf der Felsen-
spitze des Sidelhorn verlebte; er wird mir unvergeßlich bleiben.

Drittes Kapitel.

Eine Gletscherwanderung.

Fast war es Mittag geworden, ehe ich mich ent-
schließen konnte, meine herrliche Warte auf dem Sidelhorn zu verlassen. Aber es ging ja jetzt abwärts,
und unser Ziel, der Aargletscher, lag so nahe unter
uns. In einer Viertelstunde hätte ich fast geglaubt,
ihn erreichen zu müssen. Freilich wußte ich, wie
leicht man sich über die Entfernungen und Höhen in
den Alpen täuscht. Diese durchsichtige Luft, dazu dieser Mangel jedes Maßstabes gestattet kein sicheres Ur-
theil. Dennoch war ich überrascht, als mir der Führer erklärte, daß vielleicht 2 Stunden hingehen könnten, ehe wir unsern Fuß auf das Eis des Gletschers

ſetzten. Aber noch empfindlicher wurde mir eine an=
dere Täuſchung, als wir den Rücken des Zinkenhorns
überſchritten hatten, und uns nun bereit machten, an
ſeinen Abhängen hinabzuſteigen, die das rechte Ufer
des Gletſchers bilden. Dieſe Abhänge hatten mir von
der Höhe weder ſehr ſteil noch ſehr hoch geſchienen,
und nun war es, als ob wir an einer wahren Wand,
die nur aus lauter Steinblöcken zuſammengeſetzt war,
hinunterklimmen ſollten. Der Gletſcher lag ſo dicht
unter uns, daß wir hätten glauben mögen, jeder Stein,
der unſern Füßen entrollte, müßte auf ſeinen Rücken
fallen. Von einem Wege war natürlich nicht die Rede.
Wir mußten ſehen, wie wir von einem Steinblock zum
andern hinabkamen. Bisweilen folgten wir einem ſchma=
len Vorſprunge, der ſeitwärts eine Strecke hinlief und
ſich allmälig zu ſenken ſchien. Dann aber ſtanden wir
plötzlich wieder an einem ſchroffen Abſturz. Weit um=
zukehren, konnten wir uns doch nie entſchließen. Eine
Spalte mußte ſich ja doch irgendwo zeigen, in der wir
abwärts klimmen konnten; oder ein kleiner Vorſprung
wurde entdeckt, auf dem wir uns, mit den Händen in
das zähe Alpenroſengebüſch eingreifend, hinablaſſen konn=
ten. Unter unſäglichen Mühen, aber doch immer hei=
ter und ſcherzend, ja ſelbſt keine Heidelbeere, die wei=
ter unten auf ſonnigen Vorſprüngen gereift war, außer
Acht laſſend, erreichten wir endlich, mehr von unſern
Händen als Füßen getragen, den Moränenwall des
Gletſchers.

Wohl wünschte ich den Leser für einen Augen=
blick an diesen Rand des Gletschers versetzen zu kön=
nen. Das ist nicht möglich, das kann der Glet=
scher nicht sein, würde er sagen, wenn ich ihm diesen
ungeheuren Schutthaufen zeigte, dessen Felsentrümmer
das Eis verdecken, auf dem sie ruhen. Einladend
war sie freilich auch für uns nicht, diese 60 Fuß hohe
cyklopische Mauer, die wie von muthwilligen Riesen
aufgethürmt, aber am allerwenigsten zum Ersteigen ein=
gerichtet schien. Es geht in der That nichts über
eine solche Wanderung auf einer Moräne. Regellos
durcheinander geworfene Blöcke von allen Größen, eckig,
scharfkantig, in ihrer Lagerung den gewöhnlichsten Ge=
setzen aller Statik Hohn sprechend, der große auf dem
kleinen, nicht gelagert, sondern auf einer Spitze oder
Kante balancirend, mächtige Platten nur eingeklemmt
zwischen den Steinen und weit in die Luft hinaus=
ragend, dazwischen wieder schmutziges Eis, Wasser=
pfützen, Schlammlöcher, — durch solch ein Chaos sich
einen Weg suchen, ist noch schlimmer, als an steilen
Bergwänden auf = oder abklettern! Nun, es kann ja
doch nicht über eine Viertelstunde dauern, trösteten
wir uns. Aber die Zeit wurde uns doch lang, ehe
wir die feste Eismasse betraten.

Ein Gefühl von Bangigkeit beschleicht anfangs
den Wandrer in dieser dünnen, athembeklemmenden Luft
in diesem Reiche der Erstarrung und des Schweigens.
Als wir an der Felswand des Zinkenhorns herabklet=

terten, verließ doch noch eine Vegetation den Steinen den Schein des Lebens, und selbst die Stimmen der Thierwelt schwiegen nicht gänzlich. Ringsum uns hörten wir beständig das gellende Pfeifen der Murmelthiere, und hin und wieder schlüpfte auch eins, von unsern Tritten aufgeschreckt, über den Weg. Selbst ein Paar Gemsen zeigten sich einmal auf den fernen Schneewänden des Aarhorns. Hier schien der Pulsschlag des Lebens zu ruhen. Aber es war nur Schein. Diese ganze mächtige Eismasse, 800 Fuß dick und über eine halbe Stunde breit, ist in beständiger Bewegung. Langsam strömt sie thalabwärts, und wenn auch ihr Fortschritt kaum einen Zoll täglich beträgt, so verkündet ihn doch von Zeit zu Zeit das ferne Gepolter eines von seiner eisigen Unterlage gleitenden Steinblocks und das Krachen neuaufbrechender Spalten deutlich genug. Ihr ganzes Innere ist von zahllosen feinen Wasseradern schwammartig durchzogen; verborgene Ströme rauschen unter den Füßen, die sich aus diesem Adernetz sammelten, und donnernd hört man sie in unsichtbare Abgründe stürzen. Tausende von kleinen Bächlein rinnen, von der Sonne in's Leben gerufen, lustig über die blinkende Gletscherfläche, runde Furchen eingrabend und bald sich in größere Bäche vereinigend, bald in azurblaue Spalten hinabschießend. Hin und wieder hat sich noch die Eisdecke der vergangenen Nacht auf einem der Bäche erhalten, und in den wunderlichsten Formen starren uns dort kleine Spi-

tzen und Zacken, die sogenannten Gletscherblumen, von
den Ufern entgegen. Millionen von Sandkörnern
sind geschäftig, tiefe Löcher in die Eisfläche zu boh-
ren; Tausende von Steinblöcken wandern, von dem
trägen Eisstrom getragen, unaufhaltsam ihre vorge-
schriebenen Wege; gleich Kaskaden silberweißen Staubes rasseln Lavinen von den Felsenufern auf die wan-
dernde Eisfläche nieder. Aber selbst das organische
Leben ruht nicht ganz in dieser scheinbaren Einöde.

Ein Gletschertisch.

Pflanzen wachsen und blühen auf den großen Steinblöcken und in den Klüften der Moräne, und nicht
blos Flechten oder Moose, auch Gräser und Phanero-
gamen, wie Linaria alpina, Poa alpina, Oxyria
digyna, Lotus corniculatus, Astrantia minor etc.
Unter Steinen und in den zahllosen Wasserbecken der
Eisfläche zeigen sich hin und wieder schwarze Häufchen,
die in ihrer Beweglichkeit lebendig gewordenem Schieß-

pulver gleichen; es sind ganze Schaaren munterer Thierchen, die Freund Desor vor 18 Jahren hier entdeckte und Gletscherflöhe (Desoria glacialis) nannte. Selbst die rothen Schneeflocken, die an einzelnen Stellen des Gletschers liegen, sind Zeugen organischen Lebens; denn ihre rothe Färbung ist das Werk einer kleinen Alge, der Sphaerella nivalis. Milliarden mikroskopischer Infusorien tummeln sich in den Haarspalten des Eises und zwischen den Körnern des Firnschnee's, ihre Nahrung in den zersetzten Theilen anderer Organismen suchend. Das ist das Leben des Gletschers, der eisigen, starren Einöde! Es liegt etwas Frühlingsartiges in dem Eindruck dieses Lebens, etwas Anfängliches, Erwachendes, und in dem Siege über die Erstarrung gleichsam Hoffnungerregendes. Man muß freilich nur an einen ersten Vorfrühling denken. Denn das Starre hat doch das Uebergewicht, und das Lebende interessirt mehr wegen seiner Vereinzelung.

Man muß erst eine Zeit lang auf dem Gletschereise gewandert sein, um den Blick für Einzelnheiten freizubehalten. Anfangs nimmt die Sicherung der eigenen Person alle Aufmerksamkeit in Anspruch. Das Eis ist schlüpfrig, dabei wellig uneben. Spalten und Schründe kreuzen beständig den Weg. Eben ist man im Begriff, seinen Fuß niederzusetzen, da stößt der Führer mit seinem Alpenstock kräftig auf diese Stelle nieder, und der Stock durchbohrt die dünne Eisdecke, die man betreten wollte; ein furchtbarer Spalt klafft

darunter entgegen. Ein ander Mal kommt es uns
vor, als ob es hinter uns hohl unter den Füßen ge-
klungen habe; wir wenden uns um und gewahren,
daß wir eine kaum einen halben Fuß dicke Eiszunge
überschritten haben, die sich über einen offenen Abgrund wölbte. Plötzlich standen wir vor einer wohl
klafterbreiten Spalte, die sich in schräger Richtung von
dem Uferwall her zur Mittelmoräne hinzog. Eine Zeitlang wanderten wir neben der Spalte hin, ihr Ende
oder doch ihr Schmälerwerden erwartend. Endlich verlor der Führer die Geduld. Wir könnten noch eine
halbe Stunde so fortwandern, meinte er, und durch
neue Spalten wohl gar abgelenkt werden. Wir müssen
hinüber. Es hatte auf den ersten Blick wirklich etwas
Bedenkliches, einen solchen Sprung zu wagen. Gletscherspalten haben keineswegs ebene Ränder, wie etwa
Gräben oder Felsklüfte. Von beiden Seiten abgerun-
det und sich nach der Tiefe zu wölbend, scheinen sie
dem Springenden keinen recht sicheren Halt zu geben.
Aber ein echter Gletscherwandrer läßt sich nicht ein-
schüchtern. Der Sprung wurde gewagt und glückte.
Der Abgrund mit seinen unheimlich in der Tiefe rauschenden Wassern, mit seinen azurblau aus nächtlichem
Dunkel heraufschimmernden zackigen Wänden lag hinter uns.

Rastlos schritten wir nun vorwärts. Das Eis
wurde ebner, die Spalten seltner und die Blöcke zeigten sich nur noch vereinzelt. Bald lag die Cyclopen-

mauer der Mittelmoräne vor uns. Auch sie wurde überstiegen, und wieder schritten wir auf dem Eise hin in schräger Richtung dem linken Gletscherufer zu. Hier auf der Südseite des Gletschers traten uns ganz besonders schön die Gletschertische entgegen. Man denke sich mächtige Felsblöcke auf 7 bis 8 Fuß hohen, krystallhellen, azurnen Säulen ruhend, die in beständiger

Gruppe von Gletschertischen.

Wanderung mit und auf dem Gletscher begriffen, bald sich über der schmelzenden Eisfläche erheben, bald durch die Sonnenstrahlen von Süden her unterminirt, zusammenbrechen, um sich abermals zu erheben und abermals niederzustürzen. Sie zeigten sich einst auf der freien Eisfläche fern von der Moräne, und doch waren sie offenbar der linken Seitenmoräne entlaufen. Jeder große Stein, der am Südrande einer Moräne liegt, muß solche Wanderung beginnen. Denn während die Gletscheroberfläche durch die Einwirkung der Sonnenwärme schmilzt, wird das von den Steinen bedeckte Eis geschützt. Seine Unterlage bleibt stehen und gestaltet sich zum Pfeiler, der freilich, wenn er eine gewisse Höhe erreicht hat, sich auch wieder den Sonnenstrahlen aussetzt und darum immer mehr und mehr von Süd nach Nord neigt, bis er den Stein endlich nicht mehr zu tragen vermag. Jeder Stein stürzt nach Süden herunter, und jeder Sturz entführt ihn südwärts weiter von der Moräne, der er ursprünglich angehörte. Alle diese zahlreichen Gletschertische also, denen wir namentlich später am unteren Ende des Gletschers in ungeheurer Zahl und über seine ganze Fläche verbreitet begegneten, werden gewissermaßen von den Sonnenstrahlen selbst in Bewegung gesetzt, — gewiß eine originelle Triebkraft! —

Auch in die Brunnen und Trichter am Wege konnten wir uns nicht enthalten, hin und wieder einen Blick zu thun. Wie hätte auch ein Führer, der gewohnt ist, Touristen auf den Gletscher zu führen, an diesen Wunderwerken der Gletscherbaukunst vorübergehen, ja es auch nur unterlassen können, große Steine herbeizuschleppen und in die schimmernde Tiefe zu schleudern, um durch ihr lange donnerndes Gepolter Staunen zu erwecken! Diese großen cylindrischen Oeffnungen von oft 6 bis 10 Fuß Durchmesser verrathen sich zum Theil noch durch ihre birnförmige Gestalt als die

5 *

Ueberreste früherer Spalten, die sich allmälig schlossen, aber am gänzlichen Schließen durch das beständige Hinabstürzen von Gletscherbächen verhindert wurden. Zwischen ihren glatten, tiefblauen Wänden schaut man oft in Tiefen von 60 bis 80 Fuß. Das schäumende und brausende Wasser, das tief unten von neuen Seitenkanälen aufgenommen in neue Tiefen stürzt, um endlich den festen Boden des Gletschers, vielleicht Hunderte von Fuß unter dem des Beschauers zu erreichen, das seltsame Geräusch dieser hin - und hergeschleuderten Wassermassen, das diesen Oeffnungen auch den landesüblichen Namen der „Mühlen" zugezogen hat, — verleiht ihrem Anblick einen so eigenthümlich schauerlichen Reiz, daß man lange davon gefesselt wird.

Aber „Mühlen", Spalten, Gletschertische hatten für mich noch eine ganz andere Anziehungskraft. Sie schienen mir im Stande, Manches von der geheimnißvollen Geschichte dieser Gletschermasse zu enträthseln. Ich beschloß daher auch den Platz für eine Mittagsmahlzeit im Anblick solcher Zeugen zu wählen.

Anderthalb Stunden lang hatten wir nun den Gletscher aufwärts verfolgt und befanden uns in der Nähe jener Stelle, die man den „Abschwung" nennt, und wo die beiden Arme des Lauteraar - und Finsteraargletschers in den mächtigen Eisstrom des Unteraargletschers zusammenfließen. Wir hätten keinen geeigneteren Platz wählen können, um den Gletscher in seiner ganzen Großartigkeit und in allen seinen Ver-

zweigungen zu überschauen. Abwärts reichte der Blick
bis zu seinem fast 2 Stunden entfernten Ende, auf=
wärts verlor er sich rechts in dem hohen Passe der
Strahleck, während links ihm die gewaltige Felsmasse
des Finsteraarhorns mit dem Schmuck zahlreicher klei=
ner Gletscher Schranken setzte. Gerade vor uns, am
Zusammenfluß seiner beiden Arme, bot der Gletscher
das Bild eines wilderregten Meeres. In Folge einer
plötzlichen Senkung seines Bodens war seine ganze Masse
hier zerrissen und zerklüftet, und dieses Gewirr von
Eisnadeln und Blöcken bildete den großartigsten Con=
trast gegen die breite, regelmäßige Gletscherfläche dahin=
ter und das öde, todte Firnmeer am Finsteraarhorn.

Eine freiliegende große Steinplatte am Rande
der Mittelmoräne lud zum Sitzen ein; hier wollte ich
Mittag machen. Tiefe Stille umgab mich, keine Spur
menschlicher Thätigkeit war in weiter Ferne zu erblicken.
Und doch begann sich in meinem Geiste das Bild ei=
nes regen Lebens zu entfalten, das einst hier geherrscht
hatte. Als meine Blicke über die schroffen Felswände
am linken Ufer des Gletschers hinschweiften, wurden
sie durch die Erscheinung eines kleinen Häuschens
überrascht, das auf einem Vorsprunge etwa 200 Fuß
über dem Gletscher zu schweben schien. Sollte das
eine Sennhütte sein? Aber was sollte sie hier in
dieser Eis= und Felsenwüste, wo es keine Alp, keine
grüne Rasenflächen gibt? Und was bedeutet die Fahne
auf ihrem Dache? Das ist der „Pavillon" des Un=

teraargletſchers, ein Tempel der Wiſſenſchaft, den der
fleißige Elſäſſer Gletſcherbeobachter Dolfuß-Auſſet
hier erbaute. Einſt erhob ſich hier auf dem Gletſcher
ſelbſt eine weit unſcheinbarere Hütte. Ein ungeheurer
Felsblock diente als Dach und Seitenmauer. Mit ſeinem hinteren Theile auf dem Eiſe des Gletſchers ruhend, war er vorn ſchief abgeſchnitten und ragte etwa
acht Fuß über das Eis empor. Um an Raum zu
gewinnen, war das Eis ſelbſt ausgehöhlt, und eine
Felſenmauer ſchloß vorn dieſe Höhle bis auf einen
ſchmalen Eingang, über welchen ein Tuch herabhing.
Breite Schieferplatten, über welche Wachsleinwand ge-
ſpannt, Heu und Teppiche ausgebreitet waren, bildeten
die Lagerſtätte, auf welcher Monate lang eine Schaar
von feingebildeten, an alle Genüſſe des Luxus ge-
wöhnten Männern ruhte. Oft drang der Regen durch
die Spalten des Blockes und durchnäßte die Schlafenden, oft begrub ein nächtlicher Schneefall die ganze
Hütte, und die Einſiedler mußten ſich am Morgen
wie Dachſe aus ihrer Höhle ausgraben. Im Herbſt
zerriß vollends ein Spalt den Eisboden, auf dem der
Fels der Hütte ruhte und mehrere Fuß breit klaffte
ein Schlund an ihrer Wand. Die Mauer hatte ſich
geſenkt und das Tageslicht drang in den inneren Raum.
Da zogen ſich die ſeltſamen Gletſcherbewohner über den
bereits fußhoch den Gletſcher bedeckenden Schnee zurück.
Wer waren dieſe Sonderlinge, und welche Laune führte
ſie in dieſe Einöde? Es waren Naturforſcher, es

waren Agassiz und seine Gefährten, unter ihnen mein
Freund Desor. Sie weilten hier, um den Gletscher
zu beobachten, um seine Bewegung, seine Strömung
zu messen, um die Geheimnisse seines inneren Bau's
und seiner Bildung zu erforschen. Noch gegenwärtig
begibt sich alljährlich einer jener Männer, Herr Dol-
fuß-Ausset für einige Tage oder Wochen auf seinen
luftigen Sommersitz, den Pavillon dort zur Rechten,
um seine Beobachtungen fortzusetzen. Unter solchen
Erinnerungen wird es der Leser erklärlich finden, wenn
auch ich meine Mahlzeit mit Betrachtungen über den
seltsamen Strom, dessen Rücken mich vielleicht 800
Fuß über der Sohle des Thales trug, würzte.

Man muß auf dem Sidelhorn gefrühstückt haben
und auf dem Aargletscher zu Mittag speisen, und es
braucht gewiß keiner Leckereien, wenn es Einem gut
schmecken soll. Ein Stück gebratenes Schaffleisch und
dazu ein Trunk guten Neuenburgers, das ist nach solchen Anstrengungen und in solcher Natur ein wahrer
Göttergenuß. Da vergißt man, daß man nur einen
rohen, harten Felsblock als Tisch und Sessel zugleich
hat. Und kann man sich eine schönere Decke für einen Speisesaal denken, als diesen blauen Himmel, einen schöneren Teppich zu seinen Füßen, als dieses in
seinen klaffenden Tiefen gleich dem Himmelsazur schimmernde Eis, eine lieblichere Tafelmusik, als das Rieseln dieser zahllosen Wasserbäche? Ja, kann man sich
eine anziehendere und zugleich lehrreichere Unterhaltung

wünschen, als sie diese großartige Umgebung unauf=
gefordert bietet? Ich habe diese Unterhaltung in rei=
chem Maaße genossen, und was mir daraus in Erin=
nerung geblieben ist, theile ich gern dem Leser mit.

Wie kommt diese gewaltige Eismasse in dieses,
wenn auch hochgelegene, doch immerhin über 1500 Fuß
unterhalb der Grenze ewigen Schnee's sich hinabzie=
hende Thal? Das war die erste Frage, die ich mei=
ner Umgebung zur Beantwortung vorlegte. Wie kommt
es, mußte ich hinzufügen, daß solche eisige Ungethüme,
wie der Rosenlaui= und die Grindelwaldgletscher oder
die Gletscher des Chamounithales, sich sogar bis in
die Regionen der Wälder zwischen friedliche Felder und
Wohnungen der Menschen hinabwagen dürfen? Wenn
es nun auch über allen Zweifel erhaben ist, daß diese
Eismassen ihren Ursprung dort oben in den ungeheu=
ren Firnmulden der Hochregionen haben, so fragt es
sich doch immer, wie, durch welche geheime Kraft sie
in die Schluchten und Thäler herabgedrängt wurden,
wie, durch welchen geheimen Schutz sie sich in diesen
warmen, der vollen Sommersonne ausgesetzten Thälern
zu behaupten vermögen? Man sollte meinen, sie müß=
ten so gut wie der Winterschnee hier unten allmälig
abschmelzen und verschwinden. Daß sie in der That
beständig und zwar sehr bedeutend an ihrer Oberfläche
abschmelzen, daß sie also dem Winterschnee jedenfalls
nicht ihre Erhaltung und ihr Wachsthum verdanken,
beweisen ja schon die zahllosen rieselnden Wasserbäche,

beweist der mächtige Gletscherbach, der tief unter der gewaltigen Eisdecke aus ewiger Dämmerung hervor= rauscht. Die wandernden Gletschertische liefern einen ebenso unzweifelhaften Beweis, denn ihre Erhebung ist ja nur die Wirkung des steten Abschmelzens der Glet= scheroberfläche bis auf die kleine, durch den Felsblock gegen die erwärmenden Sonnenstrahlen geschützte Stelle. Andere Beweise finden wir in der Rauhigkeit der Eis= oberfläche überhaupt, in den zahllosen kleinen Eislö= chern, denen wir überall begegnen, und die dem Eise oft das Ansehen geben, als wäre es von einer Säure zerfressen. In jedem solchen Loche finden wir ein klei= nes, dunkles Körperchen, ein Steinchen, Sandkörn= chen, Staubtheilchen oder Ueberreste von Insekten, Blättern oder andern organischen Körpern. Diese kleinen, dunkeln Körperchen, welche durch Winde be= ständig über die ganze Gletscherfläche zerstreut werden, sind die Ursache der kleinen Löcher. Von der Sonne bestrahlt, werden sie stärker erwärmt als das Eis, und thauen nun durch diese größere Erwärmung ein Stück in die Eisoberfläche hinein, während das dabei gebil= dete Wasser in der dünnen Atmosphäre dieser Höhen meist schnell verdunstet. Die sogenannten Mittaglöcher, mit Wasser erfüllte Gruben von einer Tiefe, daß man oft mit dem längsten Alpenstock ihren Grund nicht erreichen kann, haben einen ganz ähnlichen Ursprung. Sie sind durch größere Anhäufungen von Sand ver= anlaßt, die indeß noch dünn genug waren, um von

der Sonne ganz durchwärmt zu werden. Dichtere
Sand = oder Schuttmaſſen wirken dagegen ganz wie
große Steinblöcke; ſie ſchützen das darunter liegende
Eis und veranlaſſen eine kegelförmige Erhebung deſ=
ſelben. Solchen oft ſehr hohen und ſpitzen Schutt=
kegeln begegneten wir gleich beim erſten Betreten des
Gletſchers an der rechten Seitenmoräne in großer
Menge. Einzelne dieſer Schuttkegel zeigten ſich be=
reits in einem eigenthümlichen Zuſtande des Verfalles.
Denn die ſchützende Urſache wird hier ſehr leicht in
eine zerſtörende umgewandelt. Je höher nämlich der
Schuttkegel anwächſt, deſto ſteiler werden ſeine Wän=
de; der Sand rollt daran herab, die Bedeckung wird
immer dünner, die Sonnenſtrahlen durchdringen ſie
endlich, und nun wirkt ſie beſchleunigend auf das
Schmelzen des Eiskegels ein. So bleibt zuletzt oft
nur ein kreisförmiger Wall ſtehen, der ein ganz arti=
ges Modell zu den Ringgebirgen des Mondes abgeben
könnte. Was nun endlich dieſe Schuttkegel im Klei=
nen, das iſt die Moräne, auf der ich meinen Sitz
aufgeſchlagen habe, im Großen. Denn dieſer gewal=
tige, an einzelnen Stellen über 100 Fuß hohe Stein=
wall beſteht keineswegs durchweg aus Steinen, ſon=
der iſt nur ein mit Blöcken bedeckter Eiswall, ähnlich
entſtanden, wie jene Eiskegel durch den ſchützenden
Sand.

Alle dieſe Erſcheinungen deuten aber ſogar auf
ein ungewöhnlich ſchnelles Schmelzen des Gletſchereiſes

hin. Gletschertische namentlich wären bei einem lang=
samen Schmelzen, wie es gewöhnliches Wassereis zeigt,
unerklärlich. Denn die Erhebung eines solchen Stei=
nes beruht ja nur darauf, daß er durch das Abschmel=
zen der Umgebung nicht Zeit gewinnt, sich zu durch=
wärmen und das Schmelzen seiner Unterlage zu bewir=
ken. Auf gewöhnlichem Wassereise sinken daher die
Steine sogar ein, statt sich zu erheben. Die Ursache
dieses schnelleren Schmelzens des Gletschereises wollen
wir einstweilen unergründet lassen; daß dieses Ab=
schmelzen aber ein sehr bedeutendes ist und eine an=
sehnliche Erniedrigung der Gletschermasse herbeiführen
muß, dafür liefert nicht nur die Wasserfülle der Bäche,
die sie in die Thäler senden, einen Maßstab; sondern
darüber sind auch unmittelbare Messungen vorhanden.
Im Durchschnitt beträgt die tägliche Abschmelzung des
Gletschers, seine in diesen Höhen nicht unbedeutende
Verdunstung natürlich mit gerechnet, etwas über einen
Zoll, so daß seine jährliche Erniedrigung zwischen 9
und 11 Fuß beträgt. Deutlich erkennt man am Ende
des Sommers diese Verluste des Gletschers, namentlich
an den Contouren seiner Ufer; aber der lange Winter
dieser Höhen verwischt wieder fast spurlos alle Wir=
kungen der sommerlichen Abtragung. Die Itsche, die
im Herbste auf hohen Postamenten aufgerichtet waren,
liegen der Ebene des Gletschers näher; die hohen
Wälle der Moränen sind eingesunken, und der ganze
Gletscher hat sich wieder zum Maximum seiner Höhe

erhoben. Sollte das eine Wirkung der winterlichen
Schneedecke sein? Die Erniedrigung aller Erhabenheiten des Gletschers können wir allerdings daraus
erklären. Stürme hatten den leichtbeweglichen Schnee
über alle Unebenheiten des Gletschers in gleichmäßiger
Fläche ausgebreitet. Beim Thauen dieser Schneedecke
erschienen natürlich die Tische und Moränen als die
höchsten Punkte zuerst, und während ihre ganze Umgebung noch lange vom Schnee geschützt blieb, erfuh-
ren diese die Wirkungen der Sonnenwärme und wurden so die Ursache der Erniedrigung ihrer Unterlage.
Aber das scheint auch das Einzige, wofür sich aus
dem Winterschnee eine Erklärung herleiten läßt. Das
eigentliche Wachsthum des Gletschers, durch welches er
alljährlich nach jedem Winter mit geringen Schwan-
kungen die frühere Höhe wieder erreicht, wird daraus
keineswegs begreiflich; denn der Schnee schmilzt doch
allmälig, und der Gletscher zeigt dennoch einen höhe-
ren Stand als im vorhergehenden Herbste. Der Gletscher muß durchaus irgend einen andern Ersatz für
seine sommerlichen Verluste zu finden wissen.

In dieser Vermuthung werden wir durch die Er-
fahrung bestärkt, daß das Wachsthum des Gletschers
sich nicht blos auf seine Dicke, sondern auch auf seine
Länge erstreckt. Das Ende des Gletschers ändert oft
von Jahr zu Jahr seinen Ort, schreitet vor oder
weicht zurück. Bei vielen Gletschern tritt ein solches
Vorrücken in jedem Frühling ein; allgemein und auf-

fallend aber wird es in feuchten und kalten Jahren, wie die Jahre 1816—17, 1829—30, 1836—37 und 1847 waren. Dann schiebt er oft gewaltig seinen Steinwall vor sich her, den Boden aufwühlend und hochstämmige Wälder gleich schwachen Halmen knickend. Warme, trockene Jahre dagegen, wie die Jahre 1811, 1822, 1827, 1834, 1848 und 1857 werden zu Rückzugsjahren für die Gletscher; dann ziehen sie ihre kalten Fühlhörner ein und schmiegen sich wieder in ihre engen, dunkeln Thalklüfte. Dieses Vor- und Rückschreiten der Gletscher scheint aber nicht blos von der Jahrestemperatur, von der Sonnenwärme und Winterfeuchtigkeit abzuhängen; denn ganz benachbarte Gletscher zeigen oft die entgegengesetzten Erscheinungen. Der Unteraargletscher rückt schon seit Jahren beständig vor, während der Oberaargletscher im Rückschritt begriffen ist. Namentlich scheint die Bedeckung mit Schutt und die Neigung der Unterlage dabei von Einfluß zu sein; die Schuttbedeckung, weil sie das Abschmelzen des Gletschers hindert und dadurch jede andere Vermehrung der Gletschermasse wirksamer macht, die Neigung der Unterlage, weil sie eine innere Bewegung des Gletschers, wenn er solche besitzt, begünstigen muß. Letztere scheint wenigstens die Ursache zu sein, weshalb die kleinen Seitengletscher, die oft hoch oben aus kleinen Querthälern über jähe Felswände herabhängen, eine so auffallende Bewegung zeigen. Bei einigen solchen Gletschern hat man nämlich zu Zeiten ein Vor-

rücken von mehr als 30 Fuß täglich beobachtet. Gewaltige Eismaffen löſen ſich dann beſtändig von ihrem
Fuße ab und ſtürzen, von zahlloſen Felsblöcken beglei-
tet, unter einem Donnergepolter in die Tieſe, das in
der Todtenſtille dieſer Höhen einen unvergeßlichen Eindruck macht. Die größeren Maffen eilen voran, zu-
erſt in gewaltigem Bogen über den Abhang herab-
ſchießend, dann von Terraffe zu Terraffe hüpfend, bis
ſie unter einem zweiten lang anhaltenden Donner in
der Tieſe anlangen. Die kleinen Maffen folgen lang-
ſam nach, Minuten lang eine Wolke weißen Staubes
zurücklaffend. Bisweilen ſammeln ſich ſolche herabge-
ſtürzte Eis- und Firnmaffen tief unten in einer Thal-
rinne an, um einen neuen Gletſcher zu bilden. So
iſt der Schwarzwaldgletſcher am Fuße des Wetterhorns
offenbar ein ſolcher neugebildeter Gletſcher.

Das Vorrücken und Zurückſchreiten der Gletſcher
iſt eine ſeit Jahrhunderten wohlbekannte Thatſache, die
der Beobachtung ſchon darum nicht entgehen konnte,
weil ſie oft von ſo empfindlichen Folgen für die Cul-
tur der Thäler und den Verkehr ihrer Bewohner war.
Alpenpäſſe wurden im Laufe der Jahrhunderte völlig
vergletſchert. So bildete der Monte Moro einſt eine
der wichtigſten Verkehrsſtraßen zwiſchen dem Wallis
und Italien, während heute über die Gletſchermaſſen,
die ſich von beiden Seiten des Joches vorgeſchoben
haben, nur noch ſelten ein einzelner Wandrer ſich

wagt. So führte noch vor 50 Jahren in den Salz-
burger Alpen ein bequemer Pfad über die Rauriser
Tauern von Gastein nach Heiligenblut, der jetzt durch
das Vorrücken des Gletschers völlig ungangbar geworden ist. Von einer Verdrängung der Kultur durch
Gletscher berichtet noch mancher Name in den Alpen.
So hieß dieses lange Thal, das jetzt der Unteraargletscher und weiter unten bis zur Grimsel eine öde
Stein- und Trümmerstätte einnimmt, vor Zeiten die
Blümlisalp, und derselbe Name bezeichnet noch die
glänzenden Eisfelder der Frau über Kandersteg. Auch
die Sage weiß von der Verwandlung mancher üppig-
grünenden Matten in solche schauerliche Einöden zu
erzählen. Meist war es der Uebermuth der reich ge-
wordenen Bewohner, zu dessen Strafe die Gletscher unaufhaltsam vorschreitend ihr Leichentuch über die blühenden Alpenwiesen ausbreiteten. Nur hier an der
Grimsel hat die Sage eine allgemeinere Idee mit dem
Schicksal der Berge verknüpft. Sie sind belastet mit
dem Fluche Gottes. Der ewige Jude betrat sie einst
in seiner Jugend, als auch sie noch im Schmuck der
Jugend grünten, duftend von ringsum blühenden Matten. Als er aber wiederkehrte nach tausend Jahren,
fluchbeladen auf seiner ruhelosen Wanderung, da deckte
Schnee und Eis die verödeten Triften, und es ward
ihm die Kunde, wenn er einst nochmals wiederkehre
und die Brust des Berges von ihrer Gletscherlast befreit finden werde, dann solle es ihm ein Zeichen sein,

daß auch seine Brust entsühnt und der Fluch von seinen Schultern genommen sei.

Auch auf weite Entfernungen hin und in reich
bebaute und bewohnte niedere Thallandschaften können
sich bisweilen die Zerstörungen ausdehnen, welche das
Vorrücken der Gletscher bereitet. Solche Gefahren drohen besonders dann, wenn sie aus einem Seitenthale
hervordringend ihren Eiswall quer durch das Hauptthal vorschieben und die Gewässer des oberen Thales
dahinter aufstauen. So ist der Mattmarksee des Saas-
thales eine solche Aufstauung des Vispbaches durch den
Allelingletscher. Aber die Gefahr eines plötzlichen
Durchbruchs dieser gewaltigen Wassermasse, der das
ganze Saasthal mit Schrecken erfüllen würde, ist hier
durch menschliche Vorsicht glücklicherweise beseitigt. Der
Ingenieur Venetz sprengte im Jahre 1833 einen Stollen quer durch den Gletscher und verschaffte so den Wassern der Visp einen gefahrlosen Abfluß. Aber eine
gleiche Vorsicht hatte im J. 1818 von den Bewohnern
des Bagnethals und des unteren Wallis das Unheil
nicht abzuwenden vermocht. Im Hintergrunde des
Bagnethals, da, wo die Dranse sich durch die enge
Felsschlucht von Mauvoisin windet, hängt von den
Schultern des Mont Pleureur herabsteigend der Gé-
trozgletscher über eine mehr als 1000 Fuß hohe Felswand in das Thal hinein. In einem schnellen Vorrücken begriffen, hatte dieser Gletscher gewaltige Eismassen in den Fluß geschleudert, dessen Lauf dadurch

endlich gehemmt wurde. Die Waſſer ſtiegen hinter dem 400 Fuß hohen Damm zu einer ſchreckenerregenden Höhe. Ein von Venetz mit unendlicher Anſtrengung zu Stande gebrachter Stollen hatte bereits zwei Drittel der Waſſermaſſe abgeleitet; da brach der gelockerte Damm und die entſetzliche Fluth ſtürzte, ganze Felſen mit ſich reißend, durch das Bagnethal hin bis zum Genfer See, Wieſen und Felder, Wälder und Dörfer in einer Weiſe verwüſtend, daß die Spuren des Ereigniſſes noch nach 30 Jahren nicht verwiſcht waren.

Allen dieſen Erfahrungen gegenüber läßt ſich keinen Augenblick länger an einer inneren Bewegung der Gletſchermaſſen zweifeln. Durch eine bloße Neubildung von Eis an ſeinem unteren Ende wäre nie ein ſo gewaltiges Vorrücken des Gletſchers zu erklären. Er muß ſich wirklich in ſeiner ganzen Maſſe beſtändig ausdehnen und im Thale hinabſchieben. Aber wir haben ja die unmittelbaren Zeugen dieſer Bewegung vor uns in den lang ſich hinziehenden Linien der Moränen. Man lernt die Bedeutung dieſer rieſigen Steinwälle erſt recht kennen, wenn man ſie überſchreiten muß. Die Entſtehung einer Seitenmoräne ſcheint dem Laien auf den erſten Blick keine große Schwierigkeit zu machen. Die Steinblöcke, meint er, ſtürzten von den ſteilen Uferwänden auf den Gletſcher herab. Aber wenn ſie liegen blieben, wo ſie niederfielen, woher kommt die Gleichmäßigkeit und Regelmäßigkeit dieſer Steinreihen? Jedenfalls waren doch gewiſſe einzelne Stellen besonders geeignet, solche Trümmer auf den Gletscher zu senden, da wo etwa regelmäßige Lavinenstürze, Wasserrinnen, Stürme den Zusammenhang der Gesteine lösten. Die Moränen müßten also eher die Gestalt vereinzelter Schutthaufen als gleichmäßiger Schuttwälle zeigen. Aber man muß diese Moränen nun vollends mit dem Blicke des Geognosten betrachten; da findet man alle möglichen Gesteinsarten, die nur irgendwo an den Thalgehängen des Gletschers anstehen, an einer Stelle über und durcheinander. Das läßt sich aber nur erklären, wenn der Gletscher beständig unter den Thalgehängen fortgeleitet, sammt den Blöcken, die er in seinem oberen Laufe aufnahm, und die weiter unten von neuem Schutt verdeckt und vermengt werden. Die Entstehung einer Mittelmoräne wäre überdies völlig unmöglich ohne eine Bewegung der gesammten Gletschermasse. Diese Mittelmoräne des Unteraargletschers liegt an einzelnen Stellen über eine halbe Stunde von den Felswänden der beiden Ufer entfernt. Unmöglich konnten diese oft Tausende von Centnern schweren Blöcke von dort herübergeschleudert werden. Aufwärts muß ich ihrer Richtung folgen, um ihren Ursprung zu finden. Dort, am sogenannten Abschwung, wo der Lauteraar- und Finsteraargletscher zusammenfließen, vereinigen sich auch ihre Seitenmoränen zu einem gemeinsamen Steinwall, der von der Bewegung des Gletschers bis zu seinem Fuße hinabgetragen wird. Man könnte sonach aus der Zahl der

Mittelmoränen am unteren Ende eines Gletschers auch auf die Zahl der Gletscherarme schließen, aus denen er zusammengeflossen ist. Aber dieser Schluß ist freilich nicht ganz sicher, da es einerseits kleine Gletscher gibt, welche gar keine Seitenmoränen haben, und andererseits oft schwache Mittelmoränen durch starke Gletscherzuflüsse auf die Seite gedrängt und mit Seitenmoränen vereinigt werden. So kann man auf dem Unteraargletscher, der doch mehr als 20 kleinere Gletscher in sich aufgenommen hat, außer seiner großen Mittelmoräne kaum noch einige kleinere deutlich unterscheiden.

Jene Ereignisse, welche das Vorrücken der Gletscher hervorruft, und die langen Moränenreihen, die sich auf ihrem Rücken hinziehen und an ihrem Ende zu einer gewaltigen Endmoräne vereinigen, sind hinreichend, um auch den Ungläubigsten von einer inneren Bewegung, von einem Fortschreiten der gesammten Gletschermasse zu überzeugen. Dennoch verlangte die Wissenschaft nach direkten Beweisen, nicht aus Zweifelsucht und Unglauben, sondern, um die Ursachen dieser seltsamen Bewegung zu erschließen. Dieser Beweis wurde durch die Messung geliefert, und dieselbe Stätte, an welcher ich jetzt mein einsames Mahl verzehrte, war es, welche mehrere Jahre hintereinander Wochen lang eine Schaar von Naturforschern mit der Ausführung dieser Messungen beschäftigt sah.

Es hat immer etwas ungemein Anregendes, an einer Stätte zu weilen, die vor Jahren der Schauplatz

6 *

einer bedeutenden Thätigkeit war, sei es nun, daß
diese Thätigkeit politischer, künstlerischer oder wissenschaftlicher Natur war. Man zeigt die Schlachtfelder,
auf welchen das Schicksal von Nationen entschieden
ward, man zeigt die Stätten, wo ein Luther schrieb
oder ein Goethe dichtete; man zeigt den Sessel sogar, in welchem ein Held starb, den Tisch, von welchem ein Dichter speiste. Wenn den Stätten, an welchen die großen Thaten der Wissenschaft ihren Anfang
nahmen oder die Weihe der Vollendung erhielten, im
Allgemeinen seltener der Zoll solcher Ehrfurcht zu Theil
wird, so weiß ich nicht, ob ich das mehr der Unkennt-
niß von der Bedeutung dieser Thaten oder der bescheid-
nen Stille, mit welcher sie sich zu umgeben lieben,
zuschreiben soll. Freilich hat eine That, wie sie hier
von Agassiz und seinen Gefährten unter so unsäg-
lichen Mühen ausgeführt ward, kein Völkerglück begründet oder vernichtet, keine Revolution heraufbeschwo-
ren, keine geistige Wiedergeburt veranlaßt; aber aus
den Tiefen der Wissenschaft hat sie eine unerschöpfliche
Fluth von Gedanken und Anschauungen heraufgelockt,
die sich über zahllose Erscheinungen der Natur, selbst
bis in die dunkelste Vorzeit hinein, ergossen hat.
Mancher Tourist, der über diesen Gletscher wandert,
sieht wohl das einsame hölzerne Häuschen dort oben
an der Felswand, sieht die weißen Kreuze auf schwar-
zem Grunde an den Felsen des Ufers oder an den
Blöcken der Moräne, sieht hin und wieder noch einen

Pfahl zwischen den Blöcken eingerammt, und lächelt vielleicht über die Sonderlinge von Naturforschern, die hier um so unnützer Arbeiten willen ihre zeitweise Heimat aufschlugen. Mich ergriff eine seltene Fülle von Empfindungen und Gedanken, als ich nach meiner Mittagsruhe so zwischen den Zeugen jener Forscherthätigkeit hinwandelte. Bilder aus jener Zeit tauchten vor mir auf, Scenen der Lust und der Gefahr, ausgelassenen Scherzes und ernster Arbeit. Die Einöde belebte sich mir. Ich sah eine Schaar wettergebräunter Gestalten auf platten Steinen um den Heerd gelagert, behaglich die Cigarre rauchend und in den blauen Himmel starrend. Ich sah sie dann wieder wie Murmelthiere in ihrer engen Höhle zusammengedrängt, die Einen beschäftigt, gesammelte Notizen zu ordnen, oder im ernsten Streit über wissenschaftliche Fragen, die Andern in übermüthigem Scherz bemüht, das durch die Risse sickernde Naß der Wölbung des Felsens entlang einem schlafenden Nachbar zuzuleiten, um ihn durch einen plötzlichen Gießbach zu erwecken. Dann sah ich sie wieder am frühen Morgen zu ihrer Tagesarbeit ausziehen. Lustig hüpfen sie über die Eisfläche hin, bald über lose Steine kletternd, bald klaffende Spalten überspringend, der Eine mit dem Hammer in der Hand, die Steine in Nähe und Ferne um ihre Herkunft zu befragen, der Andere mit der Axt bewaffnet, um in das Eis einzudringen und die Geheimnisse seines inneren Bau's zu erforschen, der Dritte mit

einem Mikroskope versehen, um den kleinen Wesen nach=
zuforschen, welche sogar in ewigem Eise und Schnee
die Bedingungen ihres Dasein finden. Dort erhebt
sich ein hoher Dreifuß, und der regelmäßige Taktschlag
eines Bohrers, unter dessen Gewicht 4 bis 6 kräftige
Männer seufzen, erzählt, daß dort ein wichtiger Blick
in die Tiefe gethan werden soll. Die Scene wechselt
wieder. Am Ufer sehe ich ein paar Männer in einer
seltsamen Beschäftigung. Der Eine steht an einem
Fernrohr und späht sorgsam durch diese Einöde nach
einem weißen Kreuz an der Felswand des jenseitigen
Ufers aus. Der Andere schreitet auf und ab, bald
wieder stehen bleibend und mit den Armen gesticuli=
rend, als ob er Zeichen geben wolle. Mitten auf
dem Gletscher sehe ich einen Andern einen Pfahl tra-
gend und bald vor=, bald rückwärts schreitend, als
wolle er den Bewegungen des Mannes am Ufer folgen.
Endlich bleibt er stehen und gräbt seinen Pfahl tief
in das Eis ein. Ein letztes Bild noch stellt sich mir
dar. Es ist eine wilde Winterlandschaft; eine blen-
dend weiße Schneedecke überzieht Gletscher, Blöcke und
Felsen. Sturm und Schneegestöber brausen über die
Fläche hin. Durch diese Landschaft zieht die vertrie-
bene Schaar jetzt hinab zur Grimsel; und als sie sich
am Rande des Gletschers noch einmal umwenden, und
zwischen den düstern Wolken ein flüchtiger Sonnenblick
die verlassene Hütte beleuchtet, da sehe ich Thränen in
den Augen dieser Männer schwimmen.

Vor zwei Tagen erst hatte mich mein Freund Defor
in Andermatt verlassen. Wie gern hätte ich ihn jetzt
an Ort und Stelle gehabt, um mir von jenem Leben
auf dem Gletscher erzählen zu lassen! Wenigstens kamen mir nun seine Winke zu Statten, durch die er
meine Aufmerksamkeit auf mancherlei Zeugen jener Thätigkeit, auf mancherlei Beweismittel für die gewonne-
nen Resultate gelenkt hatte. So, indem ich auf dem
Gletscher hinschlenderte, durchlebte ich gleichsam noch
einmal in gedrängter Kürze die ganze Reihe der mühe-
vollen Forschungen, durch welche hier die heutige Glet-
scherlehre begründet wurde.

Die Messung der Gletscherbewegung war es natürlich, welche in dieser Reihe hervordrängender Gedanken den Vordergrund einnahm. So einfach das
Verfahren einer solchen Messung an sich ist, so sieht
man doch hier an Ort und Stelle, welche Schwierigkeiten sich in der Ausführung bieten mußten. Pfähle
an verschiedenen Stellen der Eisfläche einzuschlagen
und deren Lage zu verschiedenen Zeiten nach festen
Marken an den Uferfelsen zu bestimmen, das, sollte
man meinen, könne doch keine Schwierigkeit haben.
Aber man bedenke nur, daß der Gletscher oft eine
Stunde breit ist! Eine Marke von einem Ufer zum
andern zu erkennen, ist wenigstens mit Hilfe von
Fernröhren leicht. Hat man nun durch zwei solche
Marken an den entgegengesetzten Uferwänden gleichsam
eine feste Linie gezogen, und ist ein Pfahl auf dem

Eife, der sich anfangs genau in dieser Linie befand, nach einiger Zeit darüber hinausgerückt, so wird man, um die Größe dieses Vorrückens zu bestimmen, nur nöthig haben, abermals einen Pfahl in dieser Linie einzuschlagen und seinen Abstand von dem ersten zu messen. Aber dazu ist wieder erforderlich, daß man vom Ufer aus dem mitten auf dem Gletscher Stehenden eine genaue Mittheilung über die Richtung dieser Linie zukommen läßt, daß man ihn irgendwie durch Signale bedeutet, wo er seinen Pfahl einzuschlagen habe. Hier ist nun die große Entfernung hinderlich; die Stimme reicht nicht mehr aus, und man muß zu optischen Signalen, etwa durch kleine Spiegel seine Zuflucht nehmen, oder durch Auf= und Abschreiten die Richtung zu bezeichnen suchen, in welcher der Pfahl eingesteckt werden soll.

Die Resultate dieser mehrere Sommer hintereinander wiederholten Messungen waren zum Theil höchst überraschend. Es zeigte sich, daß der Gletscher nicht nur in der Mitte seiner Breite sich schneller bewegt, als an den beiden Seitenrändern, sondern daß er auch in der Mitte seiner Länge schneller vorrückt, als gegen sein unteres Ende hin, daß er sich also gleichsam in sich zusammenschieben muß. So betrug die durchschnittliche Bewegung des Aargletschers an einem Sommertage in der Mitte seiner Längenausdehnung an dem einen Rande 5,$_{12}$ Zoll, am andern 1,$_{84}$ Zoll, in der Mitte 11,$_{05}$ Zoll, in der Nähe des unteren Endes dagegen an einem Rande 1,₉₁ Zoll, am andern 2,₉₀ Zoll, in der Mitte 3,₈₆ Zoll. Das sind offenbar ganz ähnliche Erscheinungen, wie sie sich bei fließendem Wasser zeigen; es sind die Gesetze für die Bewegung eines Flusses. Aber der Gletscher, diese starre, feste Eismasse soll wirklich in dem Thale hinabfließen? Das ist ein zu sonderbares Resultat, als daß es sich ohne jede weitere Prüfung annehmen ließe.

Freilich sehen wir, daß der Gletscher wie eine Flüssigkeit alle Unebenheiten und Unregelmäßigkeiten des Thales ausfüllt, daß er sich mit ihm verengt und erweitert. Ein völlig starrer Körper würde sich durch eine enge Oeffnung sicherlich nicht hindurch schieben lassen, ohne völlig zu zersplittern, würde mindestens gewiß nicht in seinen Formen sich dieser Erweiterung so innig anschließen, als es der Gletscher doch sichtlich thut. Allerdings sehen wir auch wieder Spalten in dem Gletscher aufreißen, furchtbare Spalten, zwischen deren blauen Wänden wir in unergründliche Tiefen schauen; und diese Spalten zeigen sich offenbar stets da, wo die Form des Thales oder der Thalsohle eine Biegung des Eises verlangt. Aber dies spricht nur für eine Begrenzung seiner Flüssigkeit, widerlegt sie nicht selbst. Doch worin besteht nun diese Flüssigkeit des Gletschereises? Besteht sie in einer wirklichen Plasticität seiner kleinsten Theilchen, ähnlich denen des Wassers oder einer erweichten Thonmasse, oder besteht sie nur in einer Verschiebbarkeit dieser Theilchen unter

einander, so daß sie etwa durch feine Spalten von
einander getrennt und von Wasser umgeben wären,
ähnlich wie nasser Sand oder das Eis der Konditoren? Vielleicht können manche andere Erfahrungen,
die bei Gelegenheit jener Messungen der Gletscherbewegung gemacht wurden, darüber etwas entscheiden. Es
hat sich nämlich dabei unverkennbar gezeigt, daß die
Unterschiede in der Geschwindigkeit der Bewegungen
verschiedener Gletscher, sowie verschiedener Theile eines
Gletschers, Folgen der ungleichen Mächtigkeit und ungleichen Neigung sind. Es hat sich ferner gezeigt,
daß die periodischen Aenderungen der Geschwindigkeit
mit der Temperatur und namentlich mit der Feuchtigkeit auf's Innigste zusammenhängen, daß sie geradezu
abhängen von dem Zustande der Sättigung des Gletschereises durch Wasser, daß die Periode der größten
Beschleunigung demnach in die Zeit fällt, in welcher
sich das Schmelzwasser des Alpenschnee's mit dem Auftreten der ersten Sommerwärme verbindet.

Wie schwierig es aber ist, zu einem sicheren
Schlusse über die Ursache und das Wesen dieser räthselhaften Gletscherbewegung zu gelangen, das beweisen
am besten die lebhaften Kämpfe, die darüber Jahre
lang von denselben Männern geführt wurden, welchen
wir alle jene Messungen und Beobachtungen, zum Theil
in Folge eben dieser Kämpfe, verdanken. Zu jener
Zeit, als man wohl die Thatsache der Gletscherbewegung im Allgemeinen, aber noch nicht ihre Einzeln-

heiten in Bezug auf Größe und Vertheilung kannte,
nahm man ganz einfach an, die Bewegung des Gletschers erfolge durch ein Hinabgleiten auf schiefer Fläche
nach den einfachen Gesetzen der Schwere unter Mit-
wirkung des Druckes der oberen Firnmaßen. Diese
Theorie, welche Saussure, der erste wissenschaftliche
Gletscherbeobachter, aufstellte, schloß freilich alle Mo-
difikationen der Bewegung aus. Die Unterschiede der
Bewegung am Rande und in der Mitte, die ungleiche
Geschwindigkeit von größeren und kleineren Gletschern
bei gleichen und selbst umgekehrt wirkenden Bedingungen der Neigung, blieben unerklärt, und sie waren
freilich auch unbekannt. Ein secundärer Gletscher von
20 bis 30° Neigung hätte nach dieser Theorie eine
Geschwindigkeit der Bewegung zeigen müssen, welche
die der größeren, meist nur 5 bis 8° geneigten Gletscher weit übertreffen mußte. Die späteren Beobachtungen haben gerade das Gegentheil bewiesen; sie haben am allerwenigsten eine Beschleunigung der Bewegung, selbst bei sehr bedeutend geneigten kleineren
Gletschern, erkennen laßen, wie sie doch bei einem
Gleiten des Gletschers nach den Gesetzen des Falles
unvermeidlich wäre. Die Beobachtung selbst also stürzte
diese Theorie.

Da trat Charpentier, dem sich später Agassiz anschloß, mit der Ansicht auf, daß in der Zerspaltung des Gletschers die Ursache seiner Bewegung
zu suchen sei, indem sich die feinen Haarspalten durch

das Schmelzen des Eises mit Wasser füllten, und durch
die Ausdehnung des eingeschlossenen und wieder erstar-
renden Wassers der Gletscher thalabwärts bewegt würde.
Die Beobachtung aber widersprach auch dieser Theorie.
Die Forderung, welche folgerichtig daraus hervorgehen
mußte, daß der Gletscher im Winter sich gar nicht
bewegen dürfe, weil ja kein flüssiges Wasser vorhanden sei, das als bewegende Kraft auftreten könne,
zeigte sich in der Wirklichkeit nicht erfüllt. Die Forderung, daß der Rand, an welchem der geringeren
Mächtigkeit des Eises wegen auch die Kälte in größere Tiefen dringen könne, sich schneller bewegen müsse
als die Mitte, ward durch die Beobachtung gerade in
das Gegentheil umgekehrt. Hugi endlich zeigte sogar,
daß die Haarspalten, die doch der Sitz der bewegenden
Kräfte sein sollten, kaum weiter als einige Fuß tief
in das Gletschereis eindringen, daß also das Innere
des Gletschers, das zumal eine sehr gleichmäßige Temperatur behaupte, die mindestens niemals bis zum Thau-
punkt sich erhebe, nach dieser Theorie von jeder Bewegung ausgeschlossen sein müßte.

Eine neue Erklärungsweise mußte gesucht werden,
eine solche vor allen, welche jene erwähnten Erscheinungen berücksichtigte, die uns den Gang des Gletschers mit einer halbflüssigen Masse vergleichen ließen.
Es verstand sich von selbst, daß für eine solche Erklärung sich die Beobachtungen und Messungen nicht auf
die Oberfläche des Gletschers beschränken durften, daß

sie auch in seine Tiefen dringen, seine innere Struktur erforschen mußten. Dazu nun eben war es, daß
die streitenden Naturforscher zu Anfang der vierziger
Jahre ihre einsamen Heerlager auf den Gletschern der
Alpen aufschlugen. Forbes bezog den Glacier de
Bois im Chamouniz, und er war der Erste, der den
Gedanken einer Art Plasticität der Gletschermasse aufstellte. Agassiz und seine Gefährten bezogen den
Unteraargletscher, und auch sie sahen sich bald genö-
thigt, ein wirkliches Fließen der Gletschermasse gelten
zu lassen. Hugi endlich bezog den oberen Grindelwaldgletscher und suchte in seinen Spalten und Schrün-
den nach der geheimnißvollen Bewegungsursache, die
er außer jener Plasticität in einer eigenthümlichen Ein-
saugung der Feuchtigkeit aus der umgebenden Luft zu
finden glaubte.

Als ich auf meiner Gletscherwanderung jene Beobachtungen und Messungen gleichsam durchlebte, als ich
vor meinen Augen sich die Theorie der Gletscherbil-
dung und Gletscherbewegung gewissermaßen gestalten
ließ, da blieb auch mir nichts übrig, als meinen Blick
in die Tiefe zu versenken und aus den Gliedern und
Zellen dieses Riesenleibes sein Leben zu ergründen.

So wenig sich die Oberfläche eines Gletschers
mit der spiegelglatten Eisfläche unsrer See'n und Flüsse
vergleichen läßt, so wenig gleicht sein Inneres den
glasähnlichen compacten Eisstücken unserer Eiskeller.
Wie die Oberfläche rauh von zahllosen Grübchen und

Höckern bedeckt erscheint, so ist das Innere des Gletschereises körnig, zerrissen und blasig. Eine große
Spalte, vor der ich stand, gab mir Gelegenheit, mich
davon zu überzeugen. Mit Hilfe des Alpenstocks meines Führers brach ich ein ziemlich großes Eisstück
vom Rande der Spalte los. Schon das eigenthümliche Knarren des Eises beim Eindrücken des Stockes,
schon die Leichtigkeit, mit welcher sich das Eis trennen ließ, hätte mich von seiner Körnerstruktur überzeugen können. Als ich aber jetzt das Stück in die
Hand nahm, konnte ich leicht die einzelnen Körner
selbst trennen. Sie zeigten sich sehr lose zusammen-
hängend, durch kleine, bald mit Luft, bald mit Wasser gefüllte Zwischenräume getrennt, und mit ihren
Unebenheiten gleichsam gelenkartig in einander greifend.
Allerdings tritt diese Körnerstructur nirgends deut-
licher hervor, als an Gletschern; aber sie zeigt sich
auch wenigstens oberflächlich bei jedem Eise, wenn
man es hohen Kältegraden aussetzt. Die Ursache dieser Erscheinung liegt theils in der geringen Leitungs-
fähigkeit des Eises für Wärme, theils in seiner Zusammenziehung in der Kälte. Allerdings erfolgt diese
Zusammenziehung beim langsamen Erkalten gleichmäßig;
ist aber der Temperaturwechsel ein schneller, so muß
sich das Eis bei einiger Dicke an der Oberfläche ra-
scher zusammenziehen, als im Innern und daher Risse
erhalten, welche sich an der Oberfläche zu einem un-
regelmäßigen Netze vereinigen. Daß diese Risse oder

feinen Haarspalten wirklich durch Temperaturdifferenzen veranlaßt werden, dafür spricht schon ihre Richtung. Sie gehen nämlich jedesmal von der der Kälte ausgesetzten Oberfläche rechtwinklig gegen das Innere und zwar so regelmäßig, daß sie, wenn das Eisstück eine Platte mit parallelen Flächen ist, die ganze Masse zuletzt in längliche, rechtwinklig auf beiden Ebenen stehende Stücke zerfällen. Je größer die Kälte ist, desto feiner wird auch das Spaltennetz, in desto kleinere Stücke zerfällt das Eis.

Gewöhnlich ist beim Gletschereise die Richtung der Spalten in das Innere nicht so regemäßig, als es hiernach sein sollte. Beim weiteren Eindringen erleiden nämlich diese Spalten dadurch wesentliche Veränderungen, daß der Zusammenhang des Eises an vielen Stellen durch Luftblasen unterbrochen ist. Beim Uebergange aus den flüssigen in den festen Zustand wird nämlich die vom Wasser absorbirte Luft frei, und diese Trennung ist so vollkommen, daß selbst Eis aus vorsichtig und lange ausgekochtem Wasser noch immer einige Luftblasen zeigt. Sind sie daher schon in gewöhnlichem Wassereise zahlreich, so find sie es noch mehr im Gletschereise, dessen Entstehung, wie wir sehen werden, die Bildung von Luftblasen ganz besonders begünstigt. Diese Luftblasen wirken nun auf die Spalten in doppelter Beziehung ein. Einmal wird die Zerklüftung gerade an jenen Stellen am leichtesten eintreten, wo der Zusammenhang der Massen unter-

brochen iſt. Die Blaſen werden ſich daher bei fort-
geſetzter Zerklüftung nach verſchiedenen Richtungen unter einander verbinden, und daher kommt es, daß das
Gletſchereis ſich nicht nur in längliche, ſondern faſt
kubiſche Stücke trennt. Dann aber trifft eine Haar-
ſpalte, ſobald ſie in eine Luftblaſe mündet, eine bedeutende Erweiterung. Das eindringende Schmelz-
waſſer und die Verbindung mehrerer Luftblaſen durch
Haarſpalten laſſen bald kleine Kanäle entſtehen, die
weſentlich von der Form der Haarſpalten abweichen
und vielmehr die Geſtalt von Hohlkugeln annehmen,
die durch einen hohlen Cylinder verbunden ſind.

Durch das Verſchmelzen ſolcher Kanäle werden
allmälig einzelne Stücke Eis gänzlich iſolirt, und es
entſtehen ſo jene Gletſcherkörner, die bei dem großen
Reichthum des Gletſchereiſes an Luftblaſen hier ſo be-
ſonders deutlich entwickelt ſind. Natürlich iſt die Größe
dieſer Gletſcherkörner abhängig von dem Grad der Kälte
und von ihrem Eindringen in die Tiefe. Die größte
Kälte am Gletſcher findet offenbar an ſeinen oberſten
Theilen in der Nähe der Firnmeere ſtatt. Hier zeigt
ſich alſo die größte Zerſplitterung, das kleinkörnigſte
Zerfallen. Wenn es nun aber mit jener Bewegung,
jenem Strömen des Gletſchereiſes ſeine Richtigkeit haben ſoll, ſo muß jedes Eisſtück, das wir jetzt am
Gletſcherende in große Körner zerfallend beobachten,
vor einer gewiſſen Zeit ſich ebenfalls unter der Firn-
linie befunden und jene kleinkörnige Zerſplitterung be-

reits erfahren haben. Das scheint nun im Widerspruch
mit den wirklich großen Gletscherkörnern am Gletscherende zu stehen. Aber wir müssen bedenken, daß sich
mit jenem Fließen stets zugleich die Wirkung des Abschmelzens vereinigt, daß jedes Eisstück also, das jetzt
am Gletscherende an der Oberfläche erscheint, einst weiter oben sich noch in bedeutender Tiefe befunden haben
muß, also der Temperatur jener Höhen damals nicht
ausgesetzt sein konnte. Wenn sich daher auch folgerichtig
zu Ende jedes Winters eine größere Zersplitterung in
der Nähe der Oberfläche an jedem Theile des Gletschers erwarten läßt, so verschwindet doch diese Schicht
bald wieder, und die Größe der Körner, die wir im
Sommer finden werden, ist allein noch davon abhängig, wie tief die Kälte in das Innere eingedrungen,
und wie dicht aneinander sich die Risse während des
Winters verbreiteten. Einen direkten Beweis dafür
liefern uns die Eisstürze mancher Seitengletscher. Es
stürzen oft während des Winters gewaltige Eismassen
auf den tiefer gelegenen Hauptgletscher nieder, und
diese Bruchstücke erfahren dieselben Einwirkungen der
Kälte, wie ihre neue Unterlage und trennen sich in
Körner von derselben Größe wie diese, während sie
doch in ihrer früheren Lage in weit kleinere Stücke
hätten zerfallen müssen. Ob die Eismassen in Secunden oder in Jahrzehnten ihren Weg von der Höhe zu-
rücklegen, scheint also für ihre innere Struktur von
gleicher Bedeutung.

Da äußere Temperaturverhältnisse das Körnergefüge des Gletschereises bewirken, so ist von vornherein zu schließen, daß es sich auch nicht in bedeutende Tiefen, nicht durch die ganze Gletschermasse hindurch erstrecken kann. Schon 10 Fuß unter der Oberfläche verschwindet jede Spur einer Körnerbildung. Nur das blaue Eis, die sogenannten „blauen Bänder" verbreiten das körnige Gefüge tiefer in das Innere, während im weißen Eise es nur einzelne zerstreute Haarspalten und Kanäle sind, welche in die compakte Gletschermasse eindringen. Der Unterschied zwischen dem blauen und weißen Gletschereise besteht lediglich darin, daß in letzterem die zahlreichen Luftblasen noch unverbunden sind, während sie im blauen Eise bereits großentheils durch mit Wasser erfüllte Kanäle ersetzt sind. Die prachtvolle blaue Farbe dieses Eises ist keineswegs eine Wirkung reflectirten Lichtes des Himmels, dessen Blau sich sogar nur an seltnen Tagen mit diesem an Glanz und Schönheit messen kann. Es ist vielmehr die eigentliche Farbe des Wassers in festem Zustande. Zahlreiche Luftblasen lassen das Eis weiß erscheinen, gerade wie der Schnee ja auch nur eine Mischung von Luft und Wasser ist.

Daß die Kanäle der blauen Bänder nur von oben her durch Schmelzwasser erfüllt werden, dafür spricht eine Erscheinung, die bei längerem Verweilen auf dem Gletscher der Beobachtung nicht entgehen konnte. Des Morgens nämlich verschwinden die blauen

Bänder faſt gänzlich an der Oberfläche, während ſie in den Spalten weiter abwärts ebenſo deutlich ſichtbar ſind, als zu ſpäterer Tageszeit. Dieſes Verſchwinden des blauen Eiſes rührt offenbar daher, daß ſeine oberen Theile zur Nachtzeit waſſerleer geworden ſind, daß ſeine Kanäle ebenſo mit Luft erfüllt ſind, wie die des weißen Eiſes, ſo daß es auch die Farbe des letzteren annimmt.

Iſt es nun eine Thatſache, — und dieſe Thatſache wurde durch künſtliche Inſiltration mit färbenden Flüſſigkeiten, namentlich mit chlorſaurem Kali, hier wie auf andern Gletſchern zur Zeit jenes Streites feſtgeſtellt, — daß die Zerſplitterung des Gletſchereiſes nur bis in geringe Tiefen reicht, ſo fällt jene Erklärung, welche die Urſache der Gletſcherbewegung in der körnigen Struktur des Eiſes ſehen und dieſe Bewegung geradezu mit der von Sandkörnern auf einer geneigten Fläche vergleichen wollte, in ſich ſelbſt zuſammen. Dennoch iſt, da von einem bloßen Gleiten der compakten Gletſchermaſſe noch viel weniger die Rede ſein kann, eine gewiſſe Verſchiebbarkeit der Theilchen des Eiſes bis auf ſeinen Grund hinab zur Erklärung der Gletſcherbewegung unbedingt erforderlich. Eine ſolche wird aber bedingt durch die bekannte Sprödigkeit des Eiſes. In Folge des gewaltigen Druckes, wie der Reibung an der Unterlage müſſen auch in der Tiefe unzählige feine Riſſe entſtehen, und wenn dieſe von oben her durch Inſiltration nicht ſichtbar gemacht

7 *

werden, so braucht dies weniger an ihrer Feinheit als an dem Umstande zu liegen, daß sie bereits mit Wasser oder Luft gefüllt sind und dadurch andern Flüssigkeiten unzugänglich werden.

Die Grübchen auf der Gletscheroberfläche.

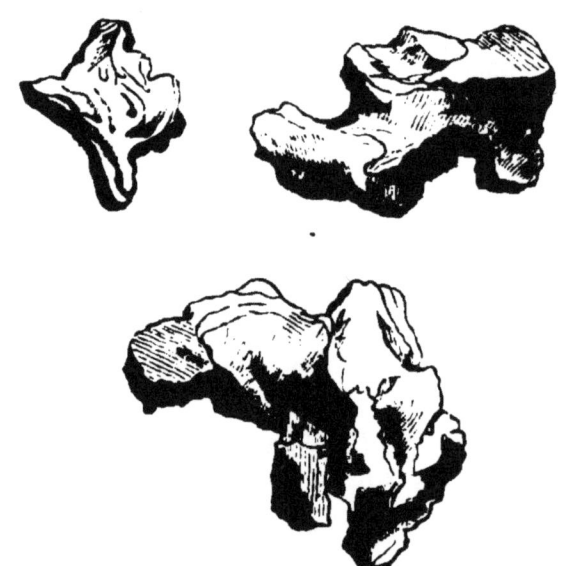

Gletscherkörner, um die Hälfte verkleinert.

Während sich meine Gedanken mit dem innern Bau des Gletschers und seinem Antheil an der Gletscherbewegung beschäftigten, fiel mein Blick auf einen

gewaltigen Eisblock, der zwischen den Steinen der
Moräne lag und offenbar am Abschwung von dem
oberen Gletscher herabgestürzt und bis hier herabgeführt
war. An diesem Block zeigten sich die blauen Bänder
in überraschender Schönheit. Als ich mich umwandte
und meinen Blick über die Gletscherfläche bis hin zum
Abschwung schweifen ließ, erkannte ich freilich, daß
auch hier die blauen Bänder außerordentlich deutlich
hervortraten. Sie waren meist sehr schmal und zum
Theil so nahe aneinander, daß sie sich noch an kleinen
Bruchstücken erkennen ließen. Sie verliefen quer über
den ganzen Gletscher, mit den Ufern ziemlich spitze
Winkel bildend, während sie in der Mitte fast senk=
recht auf die Axe des Gletschers standen. Weiter ab=
wärts wurden diese blauen Bänder breiter, zeigten
aber immer spitzere Bogen. So weit sie sich in ein=
zelnen Spalten verfolgen ließen, schienen sie in der
Tiefe etwas nach vorn geneigt zu sein und zwar um
so mehr, je näher sie dem Ende des Gletschers waren.

Wie erklärt sich nun diese eigenthümliche Erschei=
nung? Daß sie im Zusammenhange steht mit der
Bewegung des Gletschers, dafür spricht schon die Form
und Richtung der blauen Bänder. Dieses sich Zuspi=
tzen ihrer Bogen im Verlaufe des Gletschers ist offen=
bar eine Folge von der schnelleren Bewegung der Glet=
schermitte gegen die Ränder. Auch die zunehmende
Neigung nach vorn in Bezug auf die Unterlage er=
klärt sich aus der schnelleren Bewegung der oberen

Theile des Gletschers gegen die untern durch Reibung gehemmten. Sollte aber auch der Ursprung der blauen Bänder in dieser Bewegung zu suchen sein? Nach Forbes und der Gebrüder Schlagintweit Ansicht ist das allerdings der Fall, und ich mußte hier im Angesicht dieser Phänomene ihnen beistimmen.

Nach der Ansicht dieser Forscher ist es die un- ungleiche Spannung der Eismasse in ihrer Bewegung nach abwärts, welche das Entstehen der blauen Bän- der veranlaßt. In den oberen Regionen des Glet- schers, wo die Masse mit ihrer ganzen Schwere nach

Das Verschwinden der blauen Bänder an der Gletscheroberfläche.

abwärts zieht, werden quer über den Gletscher kleine Spaltungen hervorgerufen, welche die Luftblasen unter sich in Verbindung setzen und dadurch kleine Kanäle bilden, die sich mit Wasser füllen und so das blaue Eis entstehen lassen. Ist eine solche Spaltung einmal eingetreten, so ist die Spannung wenigstens theilweise überwunden und die Masse auf eine gewisse Strecke vor einer Zersplitterung geschützt. Erst in einiger Entfernung tritt wieder eine neue Zerklüftung des Eises ein, und so bilden sich jene abwechselnden La- mellen blauen und weißen Eises. Auch an tieferen

Punkten des Gletschers wirkt dieselbe Ursache fort,
allerdings wesentlich geschwächt. Die nach abwärts
ziehende Masse wird immer kleiner, je mehr wir uns
dem Ende des Gletschers nähern, ihr Einfluß wird
geringer, und es entstehen nicht mehr neue Bänder,
sondern die bereits gebildeten erweitern sich nur.

Es ist ganz klar, daß nach dieser Ansicht das
Entstehen der blauen Bänder zu der Spaltenbildung
im Großen in einer gewissen Verwandtschaft steht.
Es sind nur größere Unebenheiten des Bodens, größere Unterschiede der Thalweite, welche diese größere
Zerspaltung veranlassen. Die meiste Aehnlichkeit mit
den blauen Bändern zeigen die Querspalten, welche
in der Mitte des Gletschers stets rechtwinklig auf die
Richtung der Bewegung entstehen und nur durch den
Zug der Schwere nach abwärts bedingt werden. Wo
bedeutende Unebenheiten des Thales dazu kommen, wie
an den sogenannten Abstürzen, wird die Zerklüftung
oft so groß, daß einzelne Eismassen völlig isolirt
werden und sich durch Abschmelzung zu jenen grotesken
Eisnadeln gestalten, die manchem Gletscher eine eigenthümliche Schönheit verleihen. Wenn sich das Glet-
scherthal plötzlich beträchtlich erweitert, so werden dadurch Längenspalten bedingt, die sich oft auf ungeheure Strecken hinziehen, und die an den untern Glet-
scherenden die Eismasse oft radienförmig zertheilen, so
daß sie in mehreren Alpengegenden mit den ausgestreck-
ten Fingern einer Hand verglichen werden. Eine ei-

genthümliche Erscheinung zeigen die Randspalten. Am
Rande des Gletschers am breitesten, verlieren sie sich,
mit ihrer Spitze gegen die Mitte des Gletschers, indem sie sich zugleich gegen sein oberes Ende zuwenden.
Offenbar ist der Ursprung dieser Form in dem Umstande zu suchen, daß sich die mittleren Theile des
Gletschers schneller bewegen, als seine Randtheile. Diese
Randtheile erhalten dadurch ein gemeinsames Streben,
nach abwärts und gegen die Mitte, also in einer
schiefen Richtung sich zu bewegen. Die Spannung,

Blaue Bänder an einem Stücke Eis.

welche dadurch in dieser schiefen Richtung eintritt,
veranlaßt Spaltungen, natürlich rechtwinklig auf diese
Linie. Diese Spalten werden dann durch die Gletscherbewegung nach und nach gedreht, so daß sie zuletzt
fast quer über den Gletscher laufen; zugleich aber ver-
engen sie sich mehr und mehr und schließen sich endlich
vollends. Wenn sich Gletscherspalten schließen, so verschwinden sie darum nicht immer spurlos, und hier
tritt die Verwandtschaft zwischen Spalten und blauen
Bändern besonders auffallend entgegen. Für gewöhn-

lich bleiben nämlich an der Stelle geschlossener Spalten
bedeutende Vertiefungen, Gräben, zurück, die sich quer
über den Gletscher fortziehen. Aber in mehreren Fällen treten auch geradezu blaue Bänder an die Stelle
der Spalten. Die Wände der offenen Spalten hatten
nämlich durch ihre lange Berührung mit der Atmosphäre die Bildung von Gletscherkörnern begünstigt,
und dieses Körnergefüge ist es nun, das noch nach
der Annäherung der Spaltenwände ihre frühere Lage
bezeichnet.

Es gibt endlich außer blauen Bändern und Spalten noch eine andere Erscheinung, durch welche sich
der innere Bau des Gletschers auch äußerlich abspie-
gelt, die freilich in unmittelbarer Nähe dem Blicke
entgeht, um so auffallender aber hervortritt, wenn
man aus einer gewissen Höhe auf die Eisfläche hin-
abschaut. Auch ich hatte diesen Anblick gehabt, als
ich von den Wänden des Zinkenhorns zum Aargletscher
hinabstieg. Eine Reihe mannigfaltig gekrümmter Linien bedeckte den Gletscher, von einem Ufer zum andern laufend und nach dem unteren Ende des Gletschers
hin immer spitzere Bogen bildend. Diese Linien, die
man Ogiven, d. h. Spitzbogen nennt, zeigten eine
solche Aehnlichkeit in ihrem Verlaufe mit den blauen
Bändern, die ich hier auf der Gletscherfläche selbst
übersah, daß ich hätte glauben mögen, sie dem bloßen
Farbenunterschiede zwischen weißem und blauem Eise
zuschreiben zu können. Aber dazu war die Entfer-

nung zu bedeutend; ich befand mich damals einige
Tausend Fuß über der Gletscherfläche. Es konnten
also nur wirkliche kleine Erhabenheiten sein, welche
jene Linien für den Beschauer in der Höhe bei geeig-
neter Beleuchtung sichtbar machten. Forbes und die
Gebrüder Schlagintweit lassen nun diese Erhabenheiten in der That mit den blauen Bändern zusam-
menfallen. Sie erklären sie daraus, daß das Eis der
blauen Bänder wegen seiner geringeren Menge von
Luftblasen langsamer schmelze, als das weiße blasen-

Lage der blauen Bänder, a an einem Querschnitt, c an einem Längen-
durchschnitt des Gletschers, b ihre Contouren an der Gletscheroberfläche.

reiche Eis und so jene Erhöhungen bilde, die uns,
von weitem gesehen, als spitze Bogen erscheinen.
Agassiz und andere Forscher wollen dagegen Ogiven
und blaue Bänder als getrennte Erscheinungen betrachtet wissen, und sehen in den ersteren die zu Tage tre-

tenden Schichten des Firns, aus welchem die Glet=
schermasse hervorgegangen ist.

Mein Blick in das Innere des Gletschers und
auf das physiognomische Gepräge, das sein inneres
Leben seiner äußeren Fläche aufdrückt, war nun voll=
endet. Aber das Gletscherbild, das ich dem Leser vor=
führen wollte, bedarf zu seinem Verständniß noch eines
Hintergrundes, und dieser Hintergrund ist die
Wiege des Gletschers, aus der er seine riesigen Glie=
der sich reckend und dehnend über die Thäler hinaus=
streckt, ist das Firnmeer.

Oede und einförmig breitet sich das Firnmeer
vor uns aus. Nichts erinnert hier an die Großartig=
keit der Alpennatur, nichts auch nur an die bedeu=
tende Höhe, in der wir uns befinden. Unabsehbare
Schneefelder, von einem tiefblauen Himmel überwölbt,
in der Ferne einige beeiste Alpengipfel, deren Con=
touren in grellem Contrast an dem dunkeln Hinter=
grunde hervortreten, einige gewaltige Höhlen und
Spalten zu unsern Füßen mit dem wundervollen Blau
ihrer Tiefen, das ist der landschaftliche Charakter des
Firnmeeres. Das Auge entbehrt in dieser Wüste jedes
Anhaltepunktes für seine Schätzungen. Die Durch=
sichtigkeit der Atmosphäre, die wellenförmigen Uneben=
heiten der Firnfläche und ihr terrassenförmiges Auf=
steigen machen diese Unsicherheit noch größer. Man
glaubt sich dem Ziele nahe und braucht doch vielleicht

6 Stunden, um das Ende des Firnmeeres zu erreichen. Die Oberfläche desselben übertrifft meist die Oberfläche des Gletschers selbst um das Drei- bis Vierfache; seine Breite beträgt selten unter 9000 Fuß, und wenn man sich von seiner Tiefe eine Vorstellung machen will, muß man erwägen, daß Agassiz am Aargletscher selbst die Tiefe des festen Eises auf 1400 Fuß schätzt.

Die Mühseligkeiten einer Wanderung durch diese Einöde werden noch erhöht durch die Auflockerung des Firns, in den man oft während stundenlangen Wanderns mit jedem Schritte 1 bis 2 Fuß einsinkt. Dazu kommt die Unregelmäßigkeit und Größe der Spalten, die man umgehen muß. Während in dem Gletschereise die Spalten durch die ungleiche Schnelligkeit der Bewegung einzelner Theile und durch die dadurch bewirkte Spannung entstehen, also stets in einer bestimmten Richtung verlaufen, aber auch sich an Stellen bilden, wo die Unebenheiten der Unterlage sie nicht unmittelbar bedingen, sind diese Spalten in den Firnmeeren allein von ganz localen Verhältnissen abhängig, treten aber dafür auch stets in großen Gruppen vereint auf. Solche Spaltengruppen sind höchst gefährlich, zumal da die leichte Schmelzbarkeit des Firns, verbunden mit dem Luftzug, der bei so zahlreichen und weiten Oeffnungen nothwendig eintreten muß, die Firnmassen oft auf bedeutende Strecken aushöhlt. Eine leichte Decke losen Firns überwölbt dann die furcht=

bare Tiefe; ein unvorsichtiger Tritt, — und die Decke bricht, — der Abgrund verschlingt den Wandrer.

Die gewaltige Masse, welche die ausgedehnten Mulden der Hochalpen am obern Ende der Gletscher ausfüllt, habe ich als Firn bezeichnet. Es ist offenbar der Ueberrest des Schnee's, welcher während des Winters hier niederfällt oder von den Winden zusammengeweht wird. Aber es ist nicht mehr Schnee selbst, es sind nicht mehr die einzelnen feinen Nadeln, wie sie der frischgefallene Schnee zeigt, es sind größere, körnige Stücke, die unzweifelhaft dadurch entstanden, daß bei Durchfeuchtung von Regen- und Schneewasser und darauf folgendem Frost sich neue Schichten um die einzelnen Schneeflocken anlegten. Bei diesem Antheil des Wassers an der Firnbildung ist es begreiflich, daß den höchsten Alpengipfeln jenseits einer Höhe von 10,000 Fuß, die das Wasser in flüssiger Form nicht mehr kennen, auch der Firn fehlt. Hier treten die atmosphärischen Niederschläge in der Form von „Hörnerschnee" und „Hocheis" auf. Mehlig und trocken überzieht sich der Hörnerschnee wohl, wenn kalte Nächte auf sonnenwarme Tage folgen, mit einer dünnen, hartgefrornen Decke; darunter bleibt er aber leicht beweglich, ein Spiel der Winde. Wenn zur Zeit der Frühlingsnachtgleiche jene furchtbaren Orkane über die Alpengipfel hinbrausen, dann wirbeln sie den feinen Schnee zu gewaltigen Höhen empor, daß die Berge „stäuben" und „rauchen." Wenn ein Wandrer nach

solchen Stürmen die Hochregionen betritt, dann findet
er durch Schneewände, Kuppeln und Gewölbe oft den
einzig möglichen Weg längs mancher Felskante versperrt. An steilen Abhängen und Kämmen der Alpen,
wo der Schnee nur in geringer Mächtigkeit haften
kann, verwandelt er sich in Hocheis, das wegen seiner
Glätte und Härte bei Bergbesteigungen oft die größten
Schwierigkeiten entgegensetzt. Die Bildung dieses Hoch-
eises ist bedingt durch die außerordentliche Schmelzbarkeit des frischgefallenen, noch aufgelockerten und von
Luft durchdrungenen Schnee's. Eine einzige kalte Nacht
nach einem sonnigen Tage überzieht oft ganze Bergspitzen mit Eis.

Lassen wir jetzt unsern Blick in die Tiefe dringen,
um auch das Firnmeer durch seine Entwickelungsge-
schichte zu verfolgen. Die Spalten und Höhlen geben
uns dazu Gelegenheit. An ihren Wänden erblicken
wir zahlreiche horizontale, dunkle Linien, die namentlich nach der Tiefe hin sehr deutlich werden. Es sind
offenbar die Grenzen einzelner Firnschichten. Oft
kann man an einer Wand 20 bis 30 solcher Schichten
zählen. In einiger Tiefe zeigen sie sich 2 bis 3 Fuß
mächtig, nehmen aber weiter nach unten an Dicke ab.
Nur ganz an der Oberfläche begegnen wir einer Reihe
auffallend dünnerer. Das läßt auf einen verschieden-
artigen Ursprung schließen. Während die obersten
Schichten nämlich den einzelnen Schneefällen eines
Jahres entsprechen, ist jede der untern Schichten das

Resultat der Niederschläge eines ganzen Jahres. Die dunkeln Linien rühren von den Staubtheilen und fremdartigen Körpern her, womit sich jede Schneefläche in einer schneefreien Periode zu bedecken pflegt. In den untern Schichten sind die Staubtheile, welche die einzelnen Schneefälle schieden, verschwunden, indem sie durch den Druck der Massen in die kleinen Zwischenräume der Firnkörner eingepreßt wurden; nur die gröberen und dichteren Staubmassen, welche sich während der ganzen schneefreien Periode eines Jahres anhäuften, konnten nicht ganz verschwinden.

Die Abnahme der Dicke der Firnschichten mit der Tiefe ist offenbar eine Folge des gewaltigen Druckes der darauf lagernden Firnmassen. Um so auffallender wird die Gleichmäßigkeit dieser Abnahme. Man sollte meinen, es müsse sich ein gewisses Verhältniß herstellen zwischen der Dicke der Firnschichten und der Menge des jährlichen Schneefalles. Nun kann man recht gut noch das Jahr bezeichnen, aus welchem jede einzelne Firnschicht herrührt. Vergleicht man aber die Schichten zweier Jahre, deren winterliche Niederschläge, nach Beobachtungen an benachbarten Stationen zu schließen, auf das Auffallendste von einander abweichen, so findet man doch nur die durch den Druck bewirkte Abnahme der Dicke. Nur an den Schichten, welche aus den letzten 3 bis 4 Jahren herrühren, läßt sich noch ein Zusammenhang mit der Menge des jährlichen Niederschlages erkennen. Es scheint also, daß die Größe des Druckes in der Tiefe allmälig die Unterschiede in den jährlichen Schneemengen ausgleicht.

Dieser Druck der übereinander lastenden Firn= massen hat nun aber auch einen wesentlichen Antheil an der Entstehung des Gletschers, d. h. an dem Ueber= gange des Firns in Gletschereis. Man könnte eine gewisse Verwandtschaft zwischen den Firnkörnern und den Gletscherkörnern zu sehen und ein unmittelbares Uebergehen beider in einander anzunehmen geneigt sein. Aber das ganze Auftreten der Gletscher widerspricht dem. Das Vorkommen der Gletscher ist nicht allein an die Höhe der Gebirge und an die Temperatur der Höhen gebunden wie der Firn, sondern auch wesent= lich durch die Form der Thalbildung und die Beschaffen= heit der Unterlage bedingt. Sie bedürfen zunächst regelmäßig geneigter Thäler, welche nach oben in weite Mulden enden, in denen sich Schnee und Firn in hin= reichender Menge sammeln kann. Sie bedürfen ferner eines unterliegenden Gesteins, welches das Wasser gar nicht oder nur wenig durchläßt. Auf porösen Kalken findet man selten Gletscher, niemals solche von grö= ßerer Ausdehnung. Firnmassen bedecken sie oft in über= raschender Fülle und fließen selbst durch ihre engen Thäler gletscherartig herab. Granit, Gneuß, Glimmer= schiefer sind die eigentlichen Heimatstätten größerer Gletscher. Das Wasser nämlich, welches beim Schmel= zen der Oberfläche sich bildet, in Firn hinabsickert und seine unteren Lagen durchtränkt, ist die wesentliche

Bedingung der Verwandlung von Firn in Gletschereis. Wird es durch Risse und Spalten, wie im Kalk, zu schnell entführt, so kommt es zu keiner Vereisung.

Zu der Vereisung des Firns wirkt aber außer dem durchsickernden und allnächtlich gefrierenden Schmelz= wasser wesentlich noch der Druck der aufeinander lasten= den Massen mit. Es ist ja bekannt, daß von Wasser durchtränkter Schnee sich schon durch den Druck der Hand in einen steinharten, eisigen Klumpen verwandeln läßt. So werden auch hier durch den Druck die Firn= körner einander genähert, so daß sie zu einer com= pakten Eismasse gefrieren können. Diese Wirkung des Druckes ist um so entscheidender, als dadurch allein die Vereisung des Firns, auch in seinen untersten Schichten, sich erklären läßt. Die Kälte würde dazu schwerlich hinreichen, da Schnee und Firn äußerst schlechte Wärmeleiter sind und die Winterkälte kaum in bedeutende Tiefen einlassen würden.

Dieselben Eismassen nun, welche sich in der Tiefe der Firnmeere ansammeln, sind es, welche an dem Aus= gange der Firnmulde als wirkliche Gletscher hervor= treten. In Folge des gewaltigen Druckes und des allgemeinen Zuges der Schwere erhält die ganze Eis= masse das Streben, sich abwärts zu bewegen. Die durch den Frost bewirkte Zerklüftung und Zerspaltung der compakten Eismasse in Gletscherkörner verleiht die= sem Streben Thatkraft. Unaufhörlich quillt die Eis= masse in das Thal hinab, die oberen Schichten schmel=

zen, untere treten hervor. Träge fließt der Strom
dahin und doch mit unwiderstehlicher Gewalt. Trümmer bedecken seinen Rücken, Trümmer schiebt er vor
sich her. Unmerklich, wie der Strom der Geschichte,
trägt er uns fort; und nur der Donner einer auf-
reißenden Kluft oder eines von seiner künstlichen Höhe
stürzenden Felsblockes verkündet die Gewalt, die in
dieser Welt des Schweigens und der Erstarrung thätig
ist. Wer unkundig, verschlossenen Geistes über den
Gletscher wandert, den langweilt seine Oede; wer denkend und forschend ihn betritt, den erdrückt die Fülle
seiner Erscheinungen.

Mit Erinnerungen, Beobachtungen, Fragen reich
beschäftigt, hatte ich unvermerkt das Ende des Gletschers erreicht. Mühsam kletterten wir über die losen
Blöcke der linken Felswand hinab und standen nun
am Fuße des riesigen Walles, aus dessen Steinblöcken
und Eistrümmern sich die schmutzige Aar hervordrängt.
Eine öde, verwüstete Landschaft lag vor uns. Unten
über dem Hasli hatte sich eine Gewitterwolke zusammen-
gezogen, aus welcher drohend einzelne Blitze zuckten.
Dennoch folgte ich bereitwillig der Einladung meines
Führers, mich auf einem seitwärtsliegenden Felsblock
niederzulassen, um mir das versprochene Bruchstück aus
seiner Lebensgeschichte erzählen zu lassen.

––––––––––

Viertes Kapitel.

Ein Gewitter auf dem Gletscher.

Es war ein recht einsamer, düsterer Platz, den wir zur Ruhe nach unserer anstrengenden Gletscher= wanderung gewählt hatten. Hinter uns lag der wüste Trümmerwall des Gletschers, vor uns breitete sich das öde, baumlose Felsenthal des Aarbodens aus, über dessen Schuttfläche das schmutzige Gletscherwasser der jungen Aar sich hinwindet. Nur seitwärts, an den Gehängen der Felsen, zeigte sich eine freilich kümmer= liche Vegetation. Nur den Gebilden der Luft schien es vorbehalten, Leben in diese verzauberte Landschaft zu bringen. Eine dunkle Gewitterwolke lagerte vor uns über der Grimsel und der Maienwand, und aus ihren Rändern zuckten einzelne helle Blitze. Auch in der Gegend des Finsteraarhorns hatten sich dichte Wol= kenhaufen gesammelt. Die vorderen Berge und den Fuß der ferneren verdeckte der hohe Moränenwall; aber dahinter schaute bisweilen durch eine Lücke hoch oben in den Wolken ein einzelner Berggipfel auf uns herab. Unter allen den reichen und großartigen Naturscenen, welche die Hochgebirgswelt der Alpen darbietet, wüßte ich keine überwältigendere, als den Anblick eines sol= chen von dem festen Erdboden abgelösten, gleichsam auf Wolken ruhenden Felsens. Man erblickt eine feste Masse mitten am blauen Firmament und vermißt doch jede

8 *

Bergform, die ihr zum Unterbau dienen könnte. Sie erscheint wie ein vorüberstreifender fremder Weltkörper und erhöht dadurch die Vorstellung der Höhe und Größe.

Hier also und in diesem Anblick ruhte ich, und in der That, ich bedurfte der Ruhe. Wenn man 9 Stunden lang nur über trümmerbedeckte Alpengipfel, über Moränenblöcke und Gletscherspalten gewandert ist, da hat man wohl das Recht, von Abspannung zu sprechen. Aber dieser Zustand der Abspannung, in dem ich mich befand, war zugleich mit einem Gefühl der höchsten Behaglichkeit verbunden. Ich fühlte mich so leicht, so frei, ich empfand meinen Körper im eigentlichen Sinne nicht. Solch ein Zustand ist weit entfernt von dem der eigentlichen Müdigkeit und Erschöpfung, in dem man einen wirklichen Mangel empfindet und erst recht von jedem Gliede durch unangenehme Empfindungen an sein Dasein erinnert wird. Es gibt keinen geeigneteren Zustand zum Genusse schöner oder erhabener Naturscenen, als solche Abspannung. Man ist nicht gerade aufgelegt zu denken und zu zergliedern — und das stört ja oft nur den unbefangenen Genuß; aber man ist um so bereitwilliger, Eindrücke in sich aufzunehmen. Solch ein Zustand, denke ich mir, muß es sein, in dem sich Kinder vor dem abendlichen Einschlummern befinden. Das ist die Zeit, wo die Mährchenerzählerin das beste Gehör findet. Auch ich hätte jetzt Ammenmährchen mit Behagen lauschen können; aber es

war mir doch noch lieber, als mein Führer sich erbot,
mir die Geschichte seines Lebens zu erzählen.

„Sie sind von Andermatt herübergekommen",
wandte er sich, nachdem er eine Zeitlang nachdenkend
in die wolkenumhüllte Landschaft vor uns geschaut hatte,
plötzlich zu mir; „ nun, da haben Sie auch die schöne
Gotthardstraße betreten. Dort drüben, hinter den
Wolken über der Maienwand liegt der Gotthard; Sie
haben ja heute Morgen noch vom Sidelhorn seine küh=
nen Gestalten gesehen. Es ist freilich kein so stolzer
Bergkoloß, wie dort das Finsteraarhorn, oder wie die
Jungfrau und das Schreckhorn über den Thälern von
Lauterbrunnen und Grindelwald. Keine seiner Berg=
spitzen erhebt sich auch nur bis zu 10,000 Fuß über
dem Meere. Aber doch ist er einer der eigenthümlich=
sten und interessantesten Gebirgsstöcke der Alpen. In
seinem Gebiet vereinigen sich die meisten Thäler und
Päffe, Verkehrsstraßen nach allen Weltgegenden er=
öffnend, entspringen die wichtigsten Flüsse der Alpen,
nach Nord, Süd und Ost, zur Nordsee, dem Mittel=
meer und adriatischen Meere hinabströmend. Auf der
Granitfläche des Gotthardpasses da hat jeder Regen=
tropfen, je nachdem er einige Schritte nördlicher oder
südlicher fällt, ein anderes Schicksal; ein leiser Wind=
hauch führt ihn dem Rhein oder dem Po, der Nord=
see oder dem Mittelmeer zu. Sehen Sie, auch mit
den Schicksalen des Menschen hat es oft eine ganz
ähnliche Bewandtniß; auch die Scheidung ihrer Wege

hat oft so unscheinbare Ursachen, wie die Scheidung
der Gewässer auf einem Gebirgskamm. Ganz beson=
ders gilt das für uns Schweizer. In Ihren Ebenen
hat das Leben der Bewohner auch etwas von dem Cha=
rakter Ihres Landes. Ein Windstoß scheidet wohl
auch Geschicke, aber meist fließen sie gar bald wieder
in einander, wie die Bäche am Fuße Ihrer Hügel.
Ja Sie durchschneiden wohl auch künstlich die Wasser=
scheiden der Geschicke. Aber bei uns! Sehen Sie
diese Granitmauern, so sind die Scheidewände, welche
die Natur auch zwischen unsern Geschicken aufrichtet.
Sehen Sie diese schroffabstürzenden Thäler, so gewalt=
sam brausen auch unsere Geschicke aus einander; keine
Kunst vereinigt sie wieder. Die Windstöße des Schick=
sals sind bei uns so bedeutsam, weil durch die Groß=
artigkeit unsrer Natur die Tropfen zu Strömen, die
Flocken zu Lawinen anschwellen. Sie werden das
schon aus der Geschichte meiner Eltern erfahren haben,
und Sie werden es von Neuem in meiner eignen be=
währt finden.''

Man darf sich nicht wundern, solchen Betrach=
tungen bei einem schlichten Gebirgsführer zu begegnen,
wenn sie auch in der Regel in etwas schlichtere Worte
eingekleidet sein mögen. In ihrem beständigen Verkehr
mit der Natur sind die Alpenbewohner gewohnt, jede
Naturbeobachtung auf ihr eignes Leben zurück zu
beziehen.

,,Ich habe Ihnen erzählt'', fuhr er fort, ,,wie

meine Eltern durch das furchtbare Ereigniß des Jahres
1807 zusammengeführt wurden, und wie ihr Ehebund
über den Trümmern ihrer Heimat geschlossen wurde.
Statt des zerstörten Hauses erhob sich ein neues, und
auch von Wiesen und Feldern begannen allmälig die
Spuren der Verwüstung zu schwinden. Aber der Se=
gen des Großvaters ruhte nicht auf dem Hause. Mein
Vater war zwar fleißig und thätig, aber er war kein
rechter Landwirth. Dazu hatte ihn das Wald = und
Bergleben seiner Jugend verdorben. Er liebte es mehr,
auf gefahrvollen Pfaden über Gletscher und Schlünde
den Gemsen nachzujagen, als den Pflug zu führen.
Den einträglichen Holzhandel, welchem mein Großvater
seinen Reichthum verdankte, hatte mein Vater auf=
gegeben, vielleicht, weil er nicht Theil haben mochte
an der nach seiner Ansicht für ganz Graubünden so
verderblichen Wälderverwüstung, vielleicht aber war
auch etwas Trotz und Eigensinn dabei. Sie können
sich wohl denken, daß es unter solchen Umständen mit
unserm Heimwesen rückwärts ging. Zwar galt mein
Vater noch immer für einen der wohlhabendsten Be=
wohner von Thusis; aber die Stützen seines Wohl=
standes wankten, und ein plötzlicher Sturm konnte sie
brechen. Dieser Sturm kam denn auch.

Der 27. August 1834 war ein Schreckenstag für
ganz Graubünden. So jung ich damals war, — ich
zählte 14 Jahre — die Eindrücke jenes Tages sind
mir unvergeßlich. Ein furchtbarer Wolkenbruch war

gefallen, und durch alle Thalschaften des Landes rauschten nun die wilden Gewässer herab. Sie haben die
Via = Mala gesehen und kennen die schauerliche Schlucht,
durch welche im steten Kampf mit Nacht und Fels der
Rheinstrom sich zum Lichte hervorringt. Ueber 300
Fuß wird in der Nähe der zweiten Brücke die Tiefe
geschätzt, aus welcher der dumpfbrüllende Donner der
Wasserfälle heraufschallt, die ungesehen, unnahbar, bisweilen durch emporsteigende Nebeldämpfe selbst der Mög-
lichkeit entrückt, von menschlichem Auge erkannt zu
werden, drunten branden und kochen. Werden Sie es
glauben, daß der Rhein damals bis dicht unter den
Bogen dieser kühnen Brücke angeschwollen war? Mit
welcher Vernichtungswuth das rasende Element, als es
sich durch diese Felsenspalte gezwängt hatte, in das
Domleschg hinabjagte und Felder und Fluren zerwühlte,
können Sie sich vorstellen.

Die Verheerung war furchtbar, aber für mich
wurde sie am folgenschwersten. Mein Vater, der wie
bei jenem früheren Ereigniß, auch jetzt eine unermüdete
Thätigkeit für Rettung von Menschenleben und Eigenthum entfaltet hatte, wurde in Folge dieser Anstrengungen von einer schweren Krankheit ergriffen, die
ihn wenige Wochen später ins Grab legte. Meine
Mutter war bereits kurz nach meiner Geburt gestorben.
So stand ich, ein 14jähriger Knabe, allein auf einem
großen verwüsteten, schon längst durch üble Wirthschaft
in sich zerrütteten Eigenthum.

. Von 5 Geschwistern war mir nur noch eine Schwe-
ster am Leben, und diese war seit einigen Jahren bereits an einen nicht eben vermögenden Landmann ver-
heirathet. Mein Schwager nahm sich zwar meiner an,
aber mehr noch meines Hofes, als meiner Person.
Die Vorliebe meines Vaters für das Wald= und Berg=
leben war auch auf mich übergegangen; es gab bald
keine Felsspitze, keinen Gletscher in den Umgebungen
von Thusis, die ich nicht erklettert hätte. Tagelang
durchstreifte ich, oft mit wilden Gefährten, die Graubündner Berge. Für das ruhige Bauernleben war das
freilich keine Vorbereitung. Nur mit Widerwillen über=
nahm ich endlich die Verwaltung meines Eigenthums,
und mit welchen Erfolgen, war vorauszusehen. Dennoch wäre, nachdem mein Jugendmuth ausgetobt, vielleicht Alles noch gut gegangen, da es mir an Ein-
sicht und Ueberlegung keineswegs mangelte. Aber das
furchtbare Geschick, das seit zwei Jahrhunderten un=
abläffig meine Heimat verfolgte, sollte durch einen
neuen entsetzlichen Schlag auch meiner Geschichte eine
unerwartete Wendung geben.

Drei Mal war in den letzten 200 Jahren Thusis
bis auf das letzte Haus ein Raub der Flammen geworden; zum vierten Male sollte die Brandfackel über
dem unglücklichen Ort geschwungen werden. Es war
an einem Sonntag Nachmittag, am 29. Juli 1845,
während die Bewohner sich sorglos über Wald und
Feld zerstreut hatten, als plötzlich eine Feuersäule aus

dem Dorfe emporstieg. Mit entsetzlicher Eile ergoß sich
das verheerende Element über alle Hütten und Häuser,
und in weniger als 3 Stunden war ganz Thusis sammt
der Kirche in einen rauchenden Aschenhaufen verwan=
delt. Da war es, wo sich endlich die schwergeprüften
Thusaner entschlossen, die unheilvolle Stätte, auf der
ihre Voreltern, wie die Sage geht, zwei Jahrtausende
lang gelebt und gelitten, zu verlassen und sich in einer
tieferen und geschützteren Lage anzusiedeln. Die Obrig-
keit wies den neuen Boden an, und das Loos ver=
theilte die Baustellen. Seitdem erhebt sich auf einem
Vorsprunge des Heinzenberges, dicht vor dem Ein=
gange zur Via=Mala, das neue stadtähnliche Dorf,
das Sie vor einigen Tagen durchwandert haben.

Da stand ich nun auf den rauchenden Trümmern
meines Vaterhauses, unmuthsvoll der verlornen Jugend
gedenkend. Nicht Verzweiflung, aber Reue erfaßte
mich. Noch war ja nicht Alles verloren. So zer=
rüttet auch meine Verhältnisse sein mochten, durch Ar=
beitsamkeit konnte ich mir noch immer eine sorgenlose
Zukunft gestalten. Ich faßte die besten Vorsätze, aber
leider blieben sie unausgeführt. Mitten in diese Pläne
traf nämlich die Rückkehr eines Jugendgenossen aus
dem Auslande, wo er irgend welche Handelsgeschäfte
getrieben haben sollte. Es war von jeher ein wilder
Bursch, und die Fremde hatte ihn eben nicht zahm gemacht. Zu verlieren hatte er nicht viel gehabt, aber
das Wenige fand er jetzt auch in Ruinen. Daß ich,

der einst beneidete Sohn reicher Eltern, jetzt fast in
die gleiche Lage gekommen, wie er, schien ihm nicht
unlieb. Meine guten Vorsätze mißfielen ihm daher,
und er suchte sie durch Schilderung der bevorstehenden
Mühen, des unerquicklichen, langweiligen und doch am
Ende erfolglosen Lebens zu erschüttern. Wozu sich
überhaupt an die Scholle binden, meinte er, dem freien
Bergsohn stehe die Welt offen. Ich solle mein Glück
in der Fremde suchen wie er; vielleicht kehre ich mit
Schätzen beladen heim, wie so Mancher, den er mir
namhaft machte, und könne mir dann in der Heimat
eine sichere Stätte bereiten. Es ist wahr, der Schweizer weiß sich immer einen Erwerb zu schaffen; aber
die Heimat vergißt er doch nie. So sehr mich also
auch die Schilderungen meines Freundes lockten, ich
fühlte, daß ich meine Berge nicht verlassen könne. Ein
andrer Vorschlag sagte mir um so mehr zu. Es kommen, erzählte mein Freund, alljährlich eine große Zahl
Fremder aller Nationen in die Schweiz, namentlich in
das Berner Oberland, um die Schönheiten der Alpennatur zu bewundern. Da sei es nun ein sehr gewinn-
bringendes Geschäft, diesen als Führer durch die Berge
zu dienen. Bei meiner Körperkraft und Gewandtheit
im Bergsteigen würde ich mich vortrefflich dazu eignen,
und die nöthige Kenntniß der Gegend würde ich leicht
erlangen. Die alte Berglust erwachte wieder in mir,
und damit die Abneigung gegen das bevorstehende Still-
leben in der Heimat. Ich dachte nur für einige Jahre

jenes herumschweifende Leben zu führen. Inzwischen
konnte dann mein Schwager sich meines verwüsteten
Eigenthums annehmen und mir eine Stätte bereiten,
auf der ich nach meiner Rückkehr mit frischen Kräften
ein neues Leben beginnen wollte.

So kam ich in die Laufbahn, auf der Sie mich
heute sehen. Was mich darin bleiben ließ, sollen Sie
erfahren; es war das entscheidende Ereigniß meines
Lebens, der Windstoß, der meinem Geschicke seine Rich=
tung gab. Ich will mich kurz fassen, um zu diesem
Ereigniß zu kommen. Es gelang mir, mich in die
sonst sehr abgeschlossene Bernerische Führerzunft einzu=
drängen, und ich war bald einer der gesuchtesten, kühn=
sten und erfahrensten Führer des Oberlandes.

Es sind nunmehr 10 Jahre, als ich einst eine
Gesellschaft von Engländern durch die Berner Alpen
nach Meiringen geführt hatte. Da ich dort keinen
neuen Dienst fand, so begab ich mich in das nahe
Rosenlaui, wo ein deutscher Naturforscher sich aufhal=
ten sollte, der den Wunsch hege, den Rosenlauigletscher
in seinen oberen Regionen kennen zu lernen. Es war
an einem Sonntag Nachmittag, als ich nach Rosen=
laui kam, und da ich den Deutschen nicht antraf, so
begab ich mich an den Fuß des Gletschers und erstieg
den Felsen zu seiner Linken, den man dort den Hüter
des Gletschers nennt, um den Anblick dieses herrlich=
sten aller Gletscher zu genießen. Aber hier ward mir
ein Anblick, der mich bald Gletscher und Alpenland=

ſchaft vergeſſen ließ, und der die Entſcheidung meines
Lebens brachte.‟

Bevor ich die Erzählung meines Führers fortſetze,
will ich verſuchen, in flüchtiger Skizze dem Leſer jenen
öſtlichen Theil des Berner Oberlandes zu zeichnen, der
den Schauplatz der folgenden Begebenheiten bilden wird.
Es iſt der Theil des Alpenlandes, in welchem die
Gebirgsnatur aus Eisbergen und Gletſchern, Fluh=
wänden und Waſſerfällen, blaugrünen See’n und üp=
pigen Matten die großartigſten und maleriſcheſten Al=
penbilder geſtaltet hat. Den Hintergrund der Landſchaft
bildet die gewaltige, aus unabſehbaren Schneefeldern
und Gletſchermaſſen emporſteigende Felſenpyramide des
Finſteraarhorn, das ſich im Weſten durch den langen,
mit ewigem Schnee belaſteten Grat der Walliſer Vie=
ſcherhörner an die ſtolze Jungfrau anſchließt. Aus
den ungeheuren Eiswüſten, welche im Norden dieſe
Rieſen der Schweiz umlagern, erheben ſich einzelne
Felſenkegel und Felſenkämme, die durch wilde Zerriſſen=
heit das Großartige der Landſchaft erhöhen. Unmit=
telbar unter dem ſilberſchimmernden Gipfel der Jung=
frau ſtarrt die ſchwerfällig maſſenhafte Kuppel des
Eigers empor, und über ſeine Schulter ſchaut der
ſchwarze, ſchneebegipfelte Mönch in die Tiefe. Unter
dem Finſteraarhorn aber tritt wie herausfordernd der
zerriſſene nackte Kamm der Schreckhörner hervor, der
in dem Mattenberg über dem Thale von Grindelwald
ſein Ziel findet. Weiter im Nordoſten ragen die wil=

den Zacken der Wetterhörner fernhin sichtbar in das
Land, in das spitzgegipfelte Wellhorn und die malerischen Engelhörner auslaufend.   Zwischen all' diesen
gewaltigen Hörnern und Zacken lagern nun unermeß-
liche Firnmassen, aus denen nach allen Seiten zahlreiche Gletscher abfließen.   In langen, breiten Strömen senken sie sich im Süden herab, in den Viescher-
und Aletschgletschern die größten Gletscher Europa's
bildend.   Im Norden vereinigen sich die Hauptmassen
abfließenden Eises in den beiden Aargletschern, durch
einen vorgeschobenen Felsenwall, der sich vom Finsteraarhorn bis zum Sidelhorn hinzieht, gleichsam auf-
gedämmt und aus ihrer südöstlichen Richtung nordwärts
gedrängt.   Alle übrigen Gletscher, welche aus dieser
großen Eiswüste gegen Norden herabhängen, sind klein,
kurz, jäh abstürzend, nicht Eisströmen, sondern ge-
frornen Wasserfällen gleichend, darum zwar übersichtlich
und imposant in ihrem Bau, aber wegen ihrer wild
zerrissenen, von Millionen von Zacken und Nadeln
starrenden Oberfläche schwer zu besteigen.   Unmittelbar
aus den Firnmeeren zwischen den hohen Gipfeln stürzen sie in schroffe rauhe Thäler, selbst über starre Felswände herab, jeder abgesondert für sich, da der kurze
Lauf ihnen nicht Gelegenheit zur Vereinigung bietet.
Nirgends begegnen wir darum so zahlreichen Gletschern
wie hier.   Da sind die beiden Grindelwaldgletscher,
die ihre eiskalte Stirn mitten in lebenswarme Matten und menschliche Wohnungen hineinwühlen; da ist

der Schwarzwaldgletscher, von dem ich schon erwähnte,
daß er in Wahrheit nur ein secundärer Gletscher, aus
den Trümmern einer höher gelegenen, beständig abbre-
chenden Gletschermasse gebildet sei.   Weiter begegnen
wir dem Rosenlauigletscher, diesem reizenden Krystall-
pallast mitten zwischen grünen Tannenwäldern, dem
Renfen-, Hangendhorn- und dem Gauligletscher, dessen
Ursprung die Sage aus der Verzauberung einer einst
blühenden Alp herleitet, endlich den kleinen, aber furchtbar schroffen Urbach-, Aelpli-, Hühnerthäli- und Bäch-
ligletschern.   Die Ursache dieses kurzen und jähen Laufs
der nördlichen Gletscher ist vorzugsweise in der Form
dieser Gebirgsabhänge zu suchen.   Nirgends fallen die
Kolosse der Alpen so schroff, so plötzlich in die Tiefe
als hier.   Von den höchsten Spitzen dieses Gebirgsstockes bis zu den Ufern des Brienzer See's beträgt
die gerade Entfernung kaum 4 bis 5 schweizer Stunden, und auf diesen kurzen Raum vertheilt sich ein
Abfall von mehr als 11,000 Fuß.   Dazu kommt noch
das Becken des See's selbst, welches gleichsam einen
furchtbaren Spalt verdeckt, dessen Tiefe an einzelnen
Stellen über 2000 Fuß mißt.   Allein dieser Absturz
vertheilt sich auch nicht einmal gleichmäßig, schon auf
dem halben Wege zum See beträgt er 8—9000 Fuß,
und dann erhebt sich die Landschaft noch ein Mal zu
der nahe an 9000 Fuß hohen Faulhorn- und Schwarz-
hornkette, um abermals schroff zum See abzufallen.
Nirgends sieht man darum auch so hohe, so großar-

tige Wände, als sie die Jungfrau, der Eiger, der
Mönch, das Wetterhorn und selbst der Mattenberg
und das Wellhorn in ihren nördlichen Abstürzen dar=
bieten. Steiler mögen die Wände des Schleern oder
des Langkofel im berühmten Fassathale Tirols sein,
so hoch sind sie bei Weitem nicht, als die Schnee=
und Felsenwände der Jungfrau. Wunderbar schön ist
ihr Anblick von der Wengernalp. Nur die tiefe,
wüste Schlucht des Trümletenthales trennt den Be=
schauer von den riesigen Massen, die starr und schroff
gegen 7000 Fuß noch über die Alp emporragen. Man
glaubt fast mit einem Steinwurfe die gegenüberliegen=
den Wände erreichen zu können. Ist das auch eine
Täuschung, die um so natürlicher erscheint, als man
jeden Maßstab so kolossalen Massen gegenüber vermißt,
so ist man doch nahe genug, um die bisher für un=
unterbrochen gehaltene Schneewand in einzelne Schnee=
flecken und dunkle Zacken und Risse sich auflösen zu
sehen. Aber diese große Nähe wirkt doch auch wieder
nicht, wie sonst in der Regel, abschwächend. Der
Anblick gewinnt vielmehr an Großartigkeit, statt zu
verlieren. Diese auffallende Senkung am Fuße der
höchsten Bergriesen der Schweiz läßt nun fast die Ver=
muthung aufkommen, daß hier eine Lücke in dem ur=
sprünglichen Bau des Gebirges vorhanden, ein Theil
des inneren Gerüstes gewissermaßen hier blosgelegt
sei. Diese Vermuthung gewinnt einigen Grund durch
geologische Thatsachen, welche von kühnen schweizeri=

schen Forschern an diesen steilen Wänden aufgedeckt
sind. Es zeigt sich nämlich hier eine so eigenthümliche Verzweigung von Gneiß und Kalkstein, daß sie
nur unter Voraussetzung eines gewaltigen Druckes
darüber lagernder Massen erklärlich wird, und für
einen solchen Druck spricht zugleich die sehr häufig an
den Grenzen beider Gesteine auftretende Umwandlung
des Kalksteins in körnigen Marmor, wenn sie durch
plutonische Einwirkung von unten ohne Entweichen der
Kohlensäure erfolgt sein soll. Es ist daher gar nicht
unwahrscheinlich, daß dieser höchste Theil des Berner
Oberlandes vor seiner Erhebung noch von mächtigen
Jura- und Kreideschichten bedeckt war, die später bei
fortgesetzten Erhebungen zertrümmert und weggeführt,
vielleicht das Hauptmaterial für die Molassensandsteine
und Nagelfluhe der Voralpen lieferten.

Einen wichtigen Antheil hat der jähe Absturz
des colossalen Gebirgsstockes der Berner Alpen auch an
der Gestaltung und Physiognomie der Thäler an seinem nördlichen Fuße. Nur zwei größere Thäler sind
es, welche nordwärts zu den Ufern des Brienzer See's
herabsteigen, das Haslithal im Osten, das Lauter-
brunnenthal im Westen, beide dieses Gebirgsland durch
ihre tiefen Einschnitte, die in öden, wilden Schluchten bis zur Jungfrau auf der andern Seite hinanrei-
chen, begrenzend. Beide Thäler steigen terrassenförmig
aus pflanzenöder Felsenwüste in überraschender Eile

zu den Regionen frischgrüner Matten, reichbeladener
Obstbäume und riesiger Ahorne und Nußbäume herab;
beide sind von gewaltigen Felsenmauern eingeschlossen,
über welche zahllose Wasserfälle herabstäuben, beide von
einem Bache durchrauscht, der in seinem oberen Laufe
wild tobend durch Klüfte schießt und über Felsen stürzt,
daß oft seine Schaumdünste zum Wandrer emporsteigen,
ihn mit seinem Staubregen überschüttend. Zwischen
den jähen Abstürzen des großen Gebirgsstockes und
der vorgeschobenen Faulhornkette, also eben jene vor-
hin erwähnte auffallende Senkung im Norden der Gebirgskette einnehmend, sind zwei andere Thäler ein-
gebettet, die, in der Mitte durch den schmalen Felsen-
kamm der Scheideck getrennt, sich muldenförmig nach
Osten und Westen, zum Hasli- und Lauterbrunnenthale
hinabsenken. Westwärts öffnet sich das lachende Thal
von Grindelwald, übersäet mit zahllosen Hütten und
Häusern, zwischen welche in lichtem Wiesengrunde kleine
Gruppen dunklen Nadelgehölzes eingestreut sind, eine
weiche, schwellende Landschaft. Ostwärts zieht sich das
Reichenbachthal hin, reich an wechselnder Romantik,
bald von dunkeln Tannenwäldern beschattet, bald frisch-
grüne Wiesenpläne umschließend, hier von wilden, malerischen Felsenhörnern, dort von schwellenden Alpen-
matten eingerahmt, hier von zahlreichen Viehheerden
und Sennhütten, dort von brausenden Wasserfällen
belebt. Das also ist nun die liebliche Anmuth und
erhabene Großartigkeit in seltnem Maße vereinigende

Alpenlandschaft, der vielbewunderte und vielbereiste öst-
liche Theil des Berner Oberlandes.

Unter den kleinen, jäh abstürzenden Gletschern,
welche von den schneebedeckten Riesen des Berner Oberlandes in die ebengeschilderte Landschaft herabhangen,
ist der schönste und berühmteste der Rosenlauigletscher.
Wenn man dem Laufe des Reichenbaches aufwärts über
die liebliche Breitenmatt und das Alpengrindel folgt
und endlich eine sanfte, tannenbewachsene Anhöhe hin-
ansteigt, so braust plötzlich zur Linken aus grausiger
Tiefe ein Gletscherbach hervor, dessen Wellen von den
senkrechten Wänden fast verdeckt werden, so daß nur
ihr dumpfes Rauschen zum Ohre dringt. Ueberschrei-
tet man die steinerne Brücke, welche diesen Schlund
überwölbt, und folgt man dem Pfade, der aufwärts
durch die Tannenwaldung führt, so tritt man aus
dem Waldesdunkel hervor, und vor dem überraschten
Blicke entfaltet sich ein feenhaftes Gemälde. Mitten
aus einem Garten brennend rother Alpenrosen erhebt
sich ein krystallner Zauberbau, von wunderbar funkelnden Zacken und Nadeln besetzt, zwischen schwarzen Felswänden hoch oben gegen den blauen Himmel verschwin-
dend. Kein Pinsel vermag den Farbenschmelz wieder-
zugeben, in welchem dieser reinste aller schweizerischen
Gletscher prangt. Während andere Gletscher mit Schutt,
Geröll und Trümmern bedeckt im Thale anlangen,
strahlt der Rosenlaui gleich dem wasserhellsten Krystall.
Die tiefen Spalten, welche seine Wände zerreißen,

9 *

prangen in einem Azurblau, das mit dem eines ita-
lienischen Himmels wetteifert. Man kann mitten hin-
eintreten in diese schimmernden Grotten, welche die
Mährchengebilde der Kindheit zu verwirklichen scheinen.
Zur höchsten Vollendung aber kann man den Genuß
dieses reizenden und doch so majestätisch-ernsten Natur-
gemäldes steigern, wenn man die Mühe eines halb-
stündigen Bergsteigens nicht scheut. Zur linken Seite
des Gletschers erhebt sich nämlich ein hohes, überra-
gendes Felsenriff, das von einer gewissen Aehnlichkeit
seiner Umrisse mit dem eines menschlichen Antlitzes der
Hüter des Gletschers genannt wird. Von diesem Ge-
birgsvorsprung aus überblickt man die prachtvollen
Kaskaden dieses Eisstromes in ihrer ganzen wilden
Schönheit. Hier nun ist es, wo ich die abgebrochene
Erzählung meines Führers wieder aufnehmen will.

„Ich hatte", so erzählte er mir, „diese Höhe in
der Absicht erstiegen, von hier aus in dem Labyrinth
übereinander gethürmter Eismassen eine Stelle zu erspähen, wo ich sie betreten könnte. Allerdings ist
dieser jäh abstürzende Gletscher noch nie in seiner ganzen Höhe erstiegen worden, aber das schreckte mich
nicht; ich war es von meiner Graubündner Heimat
her nicht gewohnt, einen Gletscher für unersteigbar zu
halten. So vereinsamt ich sonst dies abgelegene Plätzchen gefunden hatte, so belebt zeigte es sich dies Mal.
Außer zwei fremden Herren, die ganz versunken in
den großartigen Anblick des in der Tiefe schimmernden

Zackenmeeres schienen, gewahrte ich eine heitere Gruppe Oberländer Landsleute etwas seitab auf den Felsboden gelagert. Es waren einige Bursche und Mädchen aus dem benachbarten Weiler Schwarzwald, die wahrschein- lich ihre Sonntagsmuße zu einem Ausfluge in diesen reizendsten Winkel ihrer schönen Heimat benutzt hatten. Einige Schritte von dieser scherzenden und lachenden Gruppe auf einem einzelnen hoch über den Abgrund hinausragenden Vorsprung saß, furchtlos in die schwin- delnde Tiefe schauend, einen Strauß blühender Alpen- rosen im Schooß, ein Mädchen, das sofort meine Blicke auf sich zog. Es war so eben aus jener Gruppe eines jener Scherzworte, wie sie unter so einfachen Men- schen so unbefangen gegeben wie genommen werden, an sie gerichtet worden, und sie wendete jetzt zur Er- widerung ihr bisher der Tiefe zugekehrtes Köpfchen nach vorn. Sie kennen vielleicht bereits aus eigner Anschauung die Oberländerinnen; es sind die schönsten, frischesten und vollsten Mädchen der ganzen Schweiz. Bisweilen sind sie zu üppig von der Natur ausgestat- tet, um noch für schön zu gelten; aber hier sah ich eine so anmuthige, schlanke Gestalt, mit einem solchen Ausdrucke der Frische und Weichheit in jeder Bewe- gung, einem so wunderbaren Glanze der Augen, einer solchen Keckheit und Entschlossenheit in den lächelnden Zügen, daß selbst der verwöhnte Geschmack eines Städters an der Schönheit dieses Mädchens nichts auszusetzen vermocht hätte. Wenn noch irgend etwas

die Anmuth dieser Erscheinung erhöhen konnte, so war
es die kleidsame Oberländer Tracht. Ein schwarzwol=
lener Rock und ein schwarzes Leibchen, aus dessen tie=
fem Ausschnitt über der Brust ein feingefältetes Lin=
nenhemd hervorquillt, am Halse durch einen schwarzen
Sammet=Goller, der in gezackter Form sich über die
Schultern legt, aufgefangen, das volle, dunkle Haar
in zwei langen Flechten über den Rücken herabhängend,
das Gesicht von einem breiten Strohhut überschattet
— nun, Sie kennen ja selbst diese zu dem üppigen
Wuchs dieser Mädchen so trefflich stehende Tracht.

Es entging mir nicht, daß die Aufmerksamkeit
des einen Fremden nicht so ganz ungetheilt an dem
Gletscher in der Tiefe weilte. Seine verstohlenen Blicke
flogen beständig hinüber zu der schönen Erscheinung
auf dem Felsenvorsprung. Es lag etwas Lauerndes,
Begehrliches in diesen Blicken, was mir nicht gefiel.
Der ganze Eindruck des Menschen war überhaupt kein
gewinnender; eine äußere Glätte schien mir innere
Leichtfertigkeit und vielleicht Rohheit zu verbergen.
Aber es blieb mir nicht viel Zeit, darüber nachzuden=
ken. Der andere Fremde nahm mich bald völlig in
Anspruch. Seine Aufmerksamkeit war in der That
ausschließlich von der großartigen Naturscene gefesselt,
und er wandte sich an mich um Auskunft über die
Einzelnheiten dieses Gemäldes. Bei meiner Kenntniß
der Gebirgsnatur konnte ich ihm diese in einem für
ihn vielleicht unerwarteten Maße gewähren; und wir

vertieften uns bald so lebhaft in eine Unterhaltung
über Gletscher und Firnmeere, daß ich kaum gewahrte,
wie sich die Blicke des schönen Mädchens auf mich
geheftet hatten. Als ich dem Fremden meinen Plan
mittheilte, mit einem Naturforscher, den ich im Rosen-
laulbade aufsuchen wolle, diesen Gletscher in seinen
obersten Regionen zu besteigen, erfuhr ich zu meiner
Ueberraschung, daß er selbst der Gesuchte sei. Wir
beschlossen nun sofort einen Pfad zu suchen, auf dem
wir zu dem oberen Gletscher gelangen könnten. Ueber
diesem mühsamen Herumklettern, das in der That zu
einem erwünschten Ziele führte, mochte wohl eine Stunde
verflossen sein. Als wir an den Platz zurückkehrten,
fanden wir ihn leer. Auch jener Fremde hatte ihn
verlassen. Meinem neuen Herrn schien das gar nicht
unwillkommen, und auf mein Befragen theilte er mir
mit, daß der Herr erst seit einigen Tagen in Rosenlaui weile und sich ihm nur zufällig bei der Besteigung dieses schönen Aussichtspunktes angeschlossen habe.
So kletterten wir denn allein in abendlichen Schatten
den steilen Bergpfad hinab, fest entschlossen, schon an
einem der nächsten Tage, sobald die nöthigen Vorbereitungen getroffen, unsere Gletscherbesteigung zu unternehmen.

Unsere Gletscherbesteigung ward ausgeführt. Das
Unternehmen war doch müh- und gefahrvoller, als ich
es mir gedacht hatte. Die Spalten waren furchtbar
breit, und manche riesige Eisklippe wurde vergeblich

erklettert, weil drüben an seinem Fuße eine Kluft jedes
weitere Vordringen abschnitt. Aber unter dem Bei-
stande zweier kräftiger Männer, welche ich dazu ge-
dungen hatte, und mit Hilfe von Stricken, Aexten
und Eisspornen ward das Abenteuer glücklich bestan-
den. Weiter aufwärts wurde der Gletscher überdies
ebener, zusammenhängender, und so gelang es uns
eine ziemliche Strecke vorzudringen. Ich brauche Ihnen
nicht erst zu sagen, daß der Blick auf die Fels- und
Gletscherlandschaft, die sich uns dort oben eröffnete,
die bestandenen Mühen reichlich belohnte. So groß-
artig gewiß das Bild ist, das diese Alpenwelt am
Abschwung des Aargletschers Ihnen darbot, mit diesem
Bilde, das durch die unter uns emporstarrenden Zacken
zugleich den Schein einer gewissen wilden Bewegung
erhielt, hält es keinen Vergleich aus. Das aber muß
ich Ihnen sagen, als ich die Gefahr hinter mir sah,
war auch jeder Gedanke daran entschwunden. Schon
am andern Tage wiederholte ich das Abenteuer auf
meine eigene Hand, und es gelang mir dabei, eine
Stelle ausfindig zu machen, wo der Uebergang über
den Gletscher von einem Ufer zum andern möglich war.
Es war damals eine Zeit, wo es für uns Führer oft
wenig zu thun gab. Die allgemeine Mißernte des
vorhergehenden Jahres, noch mehr die Wirren in der
Schweiz selbst, die den blutigen Unruhen des Sonder-
bundkrieges vorangingen, hatten den großen Schwarm
der Reisenden fern gehalten. Für mich war diese oft

Wochen lang dauernde gezwungene Muße nicht unwill=
kommen, und ich beutete sie endlich für meine Aben=
teurerlust aus. Auch jetzt blieb ich mehrere Tage ohne
Beschäftigung, so oft ich auch in Meiringen, diesem
Sammelpunkt der Reisenden, mich darum bemühte.
So durchstreifte ich denn häufig die wilden Thäler und
Berge an den Abhängen der großen Gebirgskette.

Auf einem dieser Streifzüge hatte ich eines Tages
den Rosenlauigletscher überschritten und war auf Pfa=
den, die freilich nur einem Gemsjäger gangbar scheinen
mochten, an den Wänden des Wellhorn zur Schwarz=
alp hinabgestiegen. Eine einsame Sennhütte inmitten
der frischesten Matten lud mich zur Einkehr ein. Wenn
Sie einmal einen Blick in das Innere einer Senn=
hütte gethan, werden Sie freilich meinen, daß es eben
nichts besonders Einladendes habe. Wäre aber auch
meine ganze Lebensweise, wie ich sie seit Jahren ge=
führt, einer Verwöhnung minder entgegen gewesen, es
gibt Zeiten, wo man auch mit einer Sennhütte herz=
lich vorlieb nimmt. An jenem Tage war ich seit dem
frühen Morgen in Schnee = und Felsenwüsten umher=
geirrt, und ich empfand nicht blos eine fast unge=
wohnte Müdigkeit, sondern auch einen unbeschreiblichen
Hunger. Zumal hatte diese Sennhütte wirklich etwas
Einladendes schon durch die Spuren einer gewissen
Sauberkeit, die man sonst fast durchgängig bei solchen
Hütten vermißt. Dabei blieb sie doch immer, was sie
war, mehr ein Abbild einer grönländischen Eskimo=

hütte, als ein Urbild von dem, was in manchen
Ihrer schönen Bücher von Sennhütten erzählt wird.
Als ich näher trat, erblickte ich durch die Thür eine
alte Frau und einen kräftigen Burschen am Heerde
mit Käsen beschäftigt. Freilich ist ein solcher Heerd
nicht viel mehr, als ein kaum sehr sorgfältig aufge-
schichteter Haufen von Steinen, auf dem einige Holz-
scheite brennen. Von einem Rauchfang ist gar keine
Rede; man überläßt es dem Rauche, sich selbst einen
Ausweg zu suchen, und Gelegenheit dazu findet er genug. Da gibt es Lücken, Risse und Spalten, da ist
wohl gar irgendwo ein kleines Dreieck in die Wand
eingehauen, durch das ein Sonnenstrahl schwerlich herein, der Rauch aber wohl hinaus kann. Vollends ist
ja die Thür da, durch welche nicht blos Menschen,
Licht und Fliegen eingehen, sondern auch Rauch und
Dunst hinausschlüpfen können. Natürlich, da so Vie-
les auf diese eine Oeffnung angewiesen ist, bleibt dem
bescheidenen Lichte nicht viel Raum frei. Es blickt
wohl recht grell und fast ärgerlich von draußen herein,
aber drinnen bleibt es eben dunkel; denn das Feuer
auf dem Heerde scheint sich auf seine Küchendienste zu
beschränken.

Davon erhielt ich einen Beweis, als ich in die
Sennhütte eintrat. Außer den beiden gluthbestrahlten
Gestalten an der Feuerstelle vermochte ich nichts zu
unterscheiden. Erst ein Rascheln im Heu erinnerte
mich an die Anwesenheit eines dritten lebenden We-

fens. Links neben der Thür nämlich befand sich, wie
gewöhnlich in Sennhütten, in völlige Dunkelheit ge-
hüllt, der Schlafwinkel, der, mit einer niedrigen
Einfassung versehen, ungefähr ein Viertel des ganzen
Raumes einnimmt. Von hier erhob sich eine große
dunkle Gestalt, in der ich, als sie sich dem Lichte
näherte, einen alten, überaus kräftig gebauten Mann
erkannte. Auf's Freundschaftlichste bewillkommnet, ward
ich sofort nach meinem Begehr gefragt. Sie können
sich denken, daß ich damit nicht zurückhielt, und auf's
Heulager hingestreckt, sah ich nun mit wahrhaft be-
neidenswerther Behaglichkeit den Vorbereitungen zu,
die sofort zur Erfüllung der Gastfreundschaft getroffen
wurden. Zuerst wurde eine kleine Lampe angezündet,
die in der Mitte des Raumes von der Decke herabhing.
Freilich schien auch diese Lampe alles Andere, nur nicht
ihre eigentliche Pflicht zu kennen. Sie begann zu
qualmen, zu knistern, selbst zu riechen; aber zum
Leuchten brachte sie es nicht. Mir war das übrigens
sehr gleichgiltig, die Mahlzeit, welche jetzt aufgetragen
ward, galt mir mehr. Aber wo in aller Welt, werden Sie fragen, wenn Sie in solche Sennhütte hin-
einsehen, ist hier ein Ding zu finden, auf dem man
eine Mahlzeit auftragen könnte? Der ganze steinharte,
schwarze Boden, welchen Feuerstelle und Schlafwinkel
noch frei lassen, scheint ja von dem Sennereigeräth, von
hölzernen Näpfen, Schüsseln, Pfannen und dem But-
terfaß erfüllt, und dazwischen hängen noch von oben

Kleider, Tücher und wer weiß was Alles herein. Ja
Sie müssen in den dunkeln Hintergrund der Hütte
vordringen. Dort ragt aus der hintern Wand ein
Brettstück hervor, von dem Sie freilich meist kaum
vermuthen werden, daß es wie anderes Holz im Walde
gewachsen, so dicht pflegt es mit allerlei dunklen Stof=
fen bedeckt zu sein. Das ist nun der Tisch in solchen
Hütten, und ein ähnliches dunkles Möbel daneben wird
die Bank genannt. Auf diesem Tisch nun ward meine
Mahlzeit aufgetragen, in trefflicher Milch, Weißbrod
und Käse bestehend. Während ich aß, vernahm ich
plötzlich ein fernes lustiges Jodeln, und noch hatte
mein runder eiserner Löffel seine Arbeit nicht beendet,
als sich die Hütte mit neuen Ankömmlingen füllte.
Es waren drei frische, kräftige Buben und zwei Mäd=
chen, und Sie werden mein Erstaunen begreifen, als
ich in einer der letzteren jenes schöne Mädchen vom
Rosenlauigletscher erkannte. Ob sie auch mich wieder
erkannte, vermochte ich nicht zu entscheiden, nur weiß
ich, daß ich meine Mahlzeit schneller beendete, als es
vielleicht meinem Bedürfniß entsprach. Es wurde nun
abermals eine große Schüssel mit Milch aufgetragen;
die Eltern und drei der Buben setzten sich an den
Tisch: der jüngste Bub und die beiden Mädchen stan=
den hinter den Andern und holten sich genügsam hie
und da einen Löffel voll aus der gemeinsamen Schüssel.
Ich hatte schon manchen Abend und manche Nacht in
solchen Sennhütten zugebracht und doch — war es die

behagliche Stille, nur unterbrochen von einem leisen
Flüstern oder kurzen Lachen, bisweilen wohl auch von
den ruhigen Anordnungen des Vaters, oder war es
das eigenthümliche Halblicht, mit dem das aufglim-
mende Feuer die dunkeln Gestalten übergoß, ich hatte
mich noch nie in einer so seltsamen Stimmung befunden. Daß das so unerwartete Erscheinen des schönen
Mädchens vom Gletscher einen Antheil daran hatte,
dessen wurde ich mir erst später bewußt. Mein ur-
sprünglicher Entschluß, noch denselben Abend meinen
Weg nach Meiringen fortzusetzen, war erschüttert, und
es war mir ganz recht, daß meine erste Andeutung
desselben den entschiedensten Widerspruch von Seiten
des Sennen fand. Ich blieb, und bald umfing uns
alle der Schlummer auf dem gemeinsamen Lager.

Als ich mich früh am andern Morgen erhob und
nach einem herzlichen Abschied von den Sennen die
Hütte verließ, fand ich die beiden Mädchen schon draußen auf der Alp in voller Beschäftigung. Ich setzte
mich zu ihnen, und bald waren wir im besten Gespräch.
Die Oberländer Maidli sind nicht schüchtern und schä-
men sich nicht, ihren Gedanken und Empfindungen auch
Ausdruck zu geben. Aenneli, die Aeltere, eben die
ich auf dem Hübel am Rosenlauigletscher gesehen, ge-
stand mir darum auch unverhohlen, daß sie sich dieses
Zusammentreffens erinnere, und daß sie mich am gestrigen Abend sogleich bei ihrem Eintritt erkannt habe.
Sie liebe es, sagte sie, in freien Stunden die Berge

zu durchstreifen, und an Kühnheit und Gewandtheit im Bergsteigen nehme sie es mit manchem Sennbub auf. Da ihr Vater in der letzten Zeit es nicht mehr gern gesehen habe, daß sie allein im Gebirge umher= irre, so habe sie neulich einige Verwandte in Schwarz= wald zu einem Ausfluge an den Rosenlauigletscher überredet. Aber allein sei es doch schöner in dieser großartigen Natur, setzte sie hinzu. Mit großer Spannung, erzählte sie, habe sie dort oben meinem kühnen Vorhaben gelauscht, diesen ihr selbst unwegsam geschienenen Gletscher zu besteigen, und sie habe sich deswegen damals manche Neckerei von Seiten ihrer Gefährten gefallen lassen müssen. Als sie nun hörte, daß ich gestern sogar über den Gletscher herüber zu ihrer Hütte gekommen sei, konnte sie gar nicht Worte der Bewunderung genug finden. Ich brauche Ihnen nicht erst zu sagen, daß wir an einander Gefallen fanden und nicht ohne das Versprechen schieden, noch recht oft auf jenem schönen Plätzchen über dem Glet= scher einander zu treffen.

Daß dieses Versprechen redlich gehalten wurde, können Sie sich leicht denken. So oft ich in diese Gegend kam, — und es geschah öfter, als gerade mein Geschäft es nöthig machte, wanderte ich nach jenem Hübel hinauf, und wenn ich Aenneli dort nicht traf, so war es die Sennhütte auf der Schwarzalp, in der ich sie suchte. Ihre Eltern kamen mir mit einem unverkennbaren Wohlwollen entgegen, und die

leidenschaftliche Innigkeit, mit der Aenneli bald an
mir hing, schien mit jedem Zusammensein zu wachsen.
Ein Blick in eine beneidenswerthe Zukunft ging mir
auf.   In meinem Innern war ich längst ein Andrer
geworden, und an die Stelle jener ruhelosen Hast,
die mich in die Ferne getrieben, trat allmälig eine
nie gekannte Sehnsucht nach dem Frieden einer festen,
sicheren Heimat.   Mein Entschluß war bald gefaßt.
Dieses herumschweifende Leben wollte ich aufgeben.
Zunächst wollte ich in die Heimat gehen und mich
nach meinem väterlichen Erbe umsehen, das unter der
sorgsamen Pflege meines Schwagers seit dem furcht=
baren Brande bereits in einen sehr gedeihlichen Zu=
stand gekommen war.   Sobald ich dort Alles vorbe=
reitet hätte, um selbst wieder die Verwaltung meines
Eigenthums zu übernehmen, wollte ich zurückkehren
und um die Hand meines Aenneli werben, das ich
dann heimführen wollte in eine Stätte des Friedens
und des heiligsten Glückes.

Es sollte anders kommen.   Noch an demselben
Tage, an welchem ich diesen Entschluß meinem Aen-
neli mittheilen wollte, erfuhr seine Ausführung eine
Verzögerung.   Es kam ein Bote aus Meiringen an
mich, der mich aufforderte, für eine Gesellschaft von
Engländern, die so eben eingetroffen und morgen nach
Grindelwald aufbrechen wolle, die Führung von dort
über den hohen Paß der Strahleck zu übernehmen.
Ich war eitel genug, um nicht von dem Ehrenden,

das in diesem Antrage lag, angezogen zu werden, und
ich schämte mich wohl auch vor meiner Aenneli, da
mein Muth und meine Geschicklichkeit in Zweifel gezogen werden konnten, wenn ich mich weigerte, diese
Führung zu übernehmen. Auch kostete es mich ja
höchstens einige Tage, und dann konnte noch immer
ausgeführt werden, was ich vorhatte. Ich ging also
auf das Geschäft ein. Um so fester stand aber nun
mein Entschluß, noch an diesem Abende Aenneli in
meine Pläne einzuweihen.

Als ich zu diesem Zwecke lustig jodelnd den steilen Felsenpfad zu jenem Hübel am Gletscher emporstieg,
auf dem ich einer Verabredung gemäß heute Aenneli
sicher erwarten durfte, kam mir unweit des Zieles jener Fremde entgegen, den ich bei jenem bedeutungs-
vollen Besuche dieses Plätzchens getroffen, und der
damals einen so ungünstigen Eindruck auf mich gemacht hatte. Heute war dieser Eindruck noch lebhaf-
ter; es schien mir sogar etwas Höhnisches, Heraus-
forderndes in der Art, wie er meinen Gruß erwiderte,
zu liegen. Dazu kam das Befremdende dieser Begeg-
nung in der Nähe eines Ortes, an dem ich Aenneli
weilen mußte. Freilich war es doch auch nichts Außer-
gewöhnliches, daß ein Mann, der sich nun schon seit
Wochen in Rosenlaui aufhielt, einen Ausflug auf diesen schönsten Punkt der Gegend gemacht hatte! Viel
Zeit zum Ueberlegen blieb mir übrigens nicht, denn
von oben her tönte mir bereits der jauchzende Zuruf

meiner Aenneli entgegen. Ich traf sie in einem
Zustande der Aufregung und Unruhe, wie ich sie noch
nie gesehen hatte, und ich erfuhr auf meine dringen=
den Fragen, daß jener Fremde allerdings damit im
Zusammenhange stehe. Schon seit jenem Abende, er=
zählte sie, wo er sich beim Herabsteigen von diesem
Felsen so zudringlich ihrer Gesellschaft angeschlossen,
verfolge er sie mit den frechsten Zumuthungen. Nicht
durch Zufall, wie mir, sondern durch insgeheim ein=
gezogene Erkundigungen sei es ihm gelungen, den Weg
zu ihrer Sennhütte zu finden. Dort sei er zwar bei
wiederholter Wiederkehr von ihrem Vater und ihren
Brüdern auf's Derbste zurückgewiesen worden; aber
nun belästige er sie auf ihren einsamen Ausflügen.
Auch heute sei er zu ihrem Schrecken auf diesem Pläß=
chen erschienen und habe sie in so roher und leiden=
schaftlicher Weise bestürmt, daß sie glaube, nur meine
Annäherung habe sie vor Gewaltthätigkeiten bewahrt.
Sie können sich denken, mit welcher Entrüstung diese
Mittheilungen mich erfüllten. Dennoch verbarg ich sie,
um nur Aenneli zu beruhigen. Das aber schien
schwer. Ihre Aufregung wich zwar allmälig, aber
nur um einem grübelnden Sinnen Platz zu machen,
das mich an diesem lebensfrischen, muthwilligen Mäd=
chen noch mehr ängstigte. Plötzlich aber schien sie sich
zusammenzuraffen; sie bat mich, ihr von meinen Glet=
scherwanderungen zu erzählen, und drang endlich sogar
in mich, sie selbst an jene Stelle zu führen, wo ich

den Rosenlauigletscher zu überschreiten pflegte. An=
fangs weigerte ich mich; aber theils die schmeichelnden
Bitten Aennelis, theils die Ueberlegung, daß für
ein so muthiges und kräftiges Mädchen das Unterneh=
men eigentlich gefahrlos sei, bewogen mich nachzuge=
ben. Die ganze Elasticität ihres Geistes und Körpers
schien ihr wiedergekehrt, als sie nun vor mir hin über
die Felsen sprang, und jauchzend setzte sie den ersten
Fuß auf den Gletscher. Wir schritten sogar eine ziem=
liche Strecke auf dem Eise vor, und ich zeigte ihr
sowohl den Weg, den ich damals mit dem deutschen
Naturforscher heraufgeklettert war, als die Stelle, an
der ich das jenseitige Ufer zu erklimmen pflegte, um
zur Schwarzalp niederzusteigen. Arglos lächelte ich
über die Aufmerksamkeit, mit der sie meine Andeutun=
gen verfolgte; ich ahnte nicht den geheimen Gedanken=
gang, den sie daran knüpfte.

Der Abend war über diese Wanderung hereinge=
brochen, die Dämmerung mahnte zur Rückkehr. Als
wir nun wieder den Felsenpfad hinabwandelten, theilte
ich ihr meine Pläne mit. Ich sagte ihr, daß ich zum
letzten Male in Ausübung meiner Führerpflicht einige
Tage abwesend sein werde, nannte ihr den Tag mei=
ner Rückkehr und bat sie, sich dann wieder auf jenem
Hübel einzufinden, um noch die letzten Stunden vor
meiner beabsichtigten Reise in die Heimat im Vorgefühl
unseres süßen Glückes mit einander zu genießen. Ach,
mit welcher Innigkeit gab sie mir dies verhängißvolle

Versprechen! Wie nahe träumten wir uns im Scheiden dem friedlichen Hafen unserer Hoffnungen! Und
doch — denken Sie an die Regentropfen auf dem St.
Gotthard im Spiel der Winde!

Glücklich hatte ich meine Engländer über die
Strahleck geführt. Aber ich war doch länger aufge-
halten worden, als in meinem Plane lag. Noch ruhten
wir erschöpft im Pavillon Dollfuß am Ufer dieses
Gletschers, und schon am andern Nachmittag hatte ich
versprochen, am Rosenlauigletscher zu sein. Auf dem
gewöhnlichen Wege über das Grimselhospiz und durch
das Haslithal konnte ich schwerlich noch zur verabrede-
ten Stunde dort eintreffen. Es gab freilich noch einen
andern Weg, aber es war ein beschwerlicher, halsbre-
chender, der selbst mich nach dem heutigen 10stündigen
Marsche über Eismeere und Gletscherwüsten unter andern Umständen abgeschreckt hätte. Ich mußte mich
nämlich dann abermals den Gletscher hinauf wenden,
über den gefährlichen Lauteraargletscher wandern, am
Ewig=Schneehorn vorüber die jähen Firnabhänge des
Aargletschers erklimmen und dann über den Gauligletscher auf beschwerlichen Gemsjägerpfaden in das Urbachthal hinabsteigen, von wo dann ein steiler, aber ge-
fahrloser Pfad nach Rosenlaui hinüberführte. Sie können wohl errathen, welchen Entschluß ich faßte. Die
Engländer hatten nichts dagegen, daß ich sie verließ;
der Weg zur Grimsel war gefahrlos, und sie hatten
überdies noch drei andere Führer bei sich. So trat

ich denn am frühen Morgen meine beschwerliche Wanderung an. Ich hätte in der glücklichsten Stimmung
von der Welt sein können; denn ich hatte ja, wie
ich glaubte, zum letzten Mal meiner Führerpflicht genügt,
und eilte nun der Entscheidung meines Glückes entgegen. Und doch — war es vielleicht in Folge der
gestrigen Erschöpfung, war es in Folge der Spannung
meiner Erwartungen — es wollte heut in mir keine
rechte heitere, freudige Stimmung tagen. Eine uner-
klärliche Angst, wie ich sie nie auf Berghöhen gefühlt,
bemächtigte sich meiner. Noch nie hatte ich solche Aufmerksamkeit auf die Wolkenbildung verwandt, noch nie
so unruhig die wachsende Gewitterwolke am Wetterhorn
betrachtet.

Es war ziemlich spät am Nachmittag, als ich
endlich den steilen Pfad hinanstieg, der zwischen En-
gelhorn und Stellihorn vom Urbachthal in's Rosenlaui
hinüberführt. Die Sonne hatte sich hinter der dunkeln Gewitterwolke am Wellhorn verborgen, die jetzt
bereits drohend einzelne Wolkenstreifen über den Gletscher hinabsenkte. Ich kannte die Berggewitter zu gut,
um nicht zu wissen, daß dies nicht mehr lange auf
sich warten ließ. Oft genug war es mir ja passirt,
daß ich, von Bergen eingeschlossen, gar nicht einmal
das Herannahen solcher Haufwolken gewahrt hatte,
und plötzlich Blitz und Donner, Regen, Sturmwind
und Nebel über mich herfielen. Ich selbst fürchtete
auch ein solches Unwetter nicht; aber ich dachte an

Aenneli, das treu meiner harrend auf seiner einsamen Warte davon überrascht werden könnte. Dieser
Gedanke beflügelte meine Schritte. Bald war Rosenlaui erreicht, bald stand ich am Fuße des Gletschers.
Jetzt eilte ich den wohlbekannten Pfad zum Hübel hinan, nicht Sehnsucht, sondern unsägliche Angst im
Herzen. Einmal war es mir, als bewege sich vor mir
eine Gestalt, dann wieder, als rege sich etwas neben
mir in den Büschen; aber ich achtete auf nichts.
Endlich war das Plätzchen erreicht; — es war leer!
Sie werden mir kaum glauben, ich fühlte mich nicht
getäuscht. In meiner seltsamen Stimmung war mir,
als könnte es gar nicht anders sein, als könnte ich
sie hier gar nicht finden. Aber die Täuschung machte
mich doch etwas ruhiger; ich begann zu überlegen.
Die Eltern hätten Aenneli wohl nicht bei so dro-
hendem Wetter fortgelassen, und nun wartete es meiner in dem einsamen Hüttchen auf der Schwarzalp.
Und doch! — Aenneli war hier gewesen; da lag
ein Tuch, das ihr gehörte. Also war sie wohl erst
vor dem nahenden Gewitter geflohen und hatte in der
Angst das Tuch vergessen. Dann konnte ich sie wohl
gar noch einholen.

Schneller als ich herauf gekommen, stürmte ich
den Hübel hinab. Noch hatte ich den Fuß nicht erreicht, als mir plötzlich ein Mann entgegentrat. Es
war jener verhaßte Fremde, der Verfolger Aenneli's,
den ich längst in weiter Ferne glaubte. Mein ganzer

Groll erwachte; ich hätte den Menschen niederschlagen können, aber ein Blick in sein Gesicht entwaffnete mich. Es war bleich, und eine namenlose Angst sprach aus seinen Zügen. „Haben Sie das Mädchen nicht gefunden?" fragte er mich fast tonlos. „Nein", erwiderte ich trotzig, „es muß längst hier herunter= gekommen sein, oder" — „Es ist noch nicht herun= tergekommen," unterbrach er mich hastig. „Es floh dort oben vor mir" setzte er zögernd hinzu, „nach der Richtung, in welcher Sie damals mit dem fremden Naturforscher zum Gletscher niederstiegen." Die ganze Schuld dieses Mannes trat in diesem Augenblick vor meine Seele; selbst die Gefahr meiner Geliebten wich vor meinem Zorne zurück. Schon erhob ich meinen schweren Stock; entsetzt sprang der Fremde zurück; da ertönte ein furchtbar krachender Donnerschlag, ein praf= selnder Regen schlug nieder, und in einem Moment umhüllte uns eine nächtliche Finsterniß. Das Gewit= ter brach los. Aber meine Besonnenheit kehrte zurück. Vorsichtig klomm ich durch die Dunkelheit den steilen Felsenpfad zurück. Ich wußte ja jetzt, was es galt. Alle Einzelnheiten meines letzten Zusammenseins mit Aenneli standen lebendig vor meiner Seele. Jenes leidenschaftliche Verlangen, den Gletscher zu betreten, den Weg kennen zu lernen, auf dem ich bisweilen den Uebergang versucht hatte, war mir jetzt klar. Was ich für weibliche Neugier gehalten hatte, war ein wohl= bedachter Plan gewesen. Von Angst vor einem aber=

maligen Zusammentreffen mit jenem Fremden erfüllt, hatte sie nach einem Weg zur Flucht gesucht, und ich hatte in thörichter Arglosigkeit ihr diesen Weg gezeigt. Nur in tollem Uebermuth hatte ich diesen Weg betreten, und nun irrte dort ein zartes Mädchen mitten in dem Toben eines Gewitters!

Ein Gewitter in den Alpen klingt ganz anders, als ein Gewitter in der flachen Ebene. Von jeder Felsspitze, aus jeder Schlucht antworten tausendfältig widerhallende Echo's dem Rollen des Donners, und scharf und hohl dröhnen sie erschütternd an das Ohr. Man steht in der Wetterwolke selbst, nicht unter ihr; von allen Seiten zucken Blitze durch das tiefe Dunkel, nur augenblicklich die Scene erhellend, um dann die Finsterniß noch mehr zu vermehren. Das Prasseln des Regens vermischt sich mit dem Knattern des Hagels, heftige Winde brechen von allen Seiten hervor, als wollten sie sich jedem Vordringen mit Macht entgegensetzen. Unsichtbar brausen und zischen ringsum in den Höhen, in den Tiefen wilde, verheerende Bergwässer. Aber alles das, Donner und Blitz, Regen und Hagel und Sturmwind, ist nichts gegen den Nebel, den furchtbarsten Feind in den Gebirgen. Mit seiner grauen, eintönigen Farbe überzieht er Alles, Schnee und Fels, Eis und Rasen, und selbst der flammende Blitz erleuchtet ihn nur auf wenige Schritte. Es ist hier auf der Grimsel mehrmals vorgekommen, daß man die erstarrten Körper von Reisenden tief hin-

ten auf dem Aargletscher am Fuße des Finsteraarhorns
in stundenweiter Entfernung vom Hospiz gefunden.
Sie waren im Nebel durch das Hasli heraufgekommen,
hatten in der Finsterniß die Gebäude des Hospizes
verfehlt, dann, danach suchend, die Richtung verloren
und waren endlich in die Schlucht jener Eiswelt gera-
then, wo sie der Kälte und Erschöpfung erlagen. Es
ist vorgekommen, daß der Grimselknecht zur Winters-
zeit einen Reisenden nach Guttannen hinabführte und
an der Handeck auf wohlgebahntem Wege verließ. Am
andern Morgen fanden die Bewohner von Guttannen
seine Leiche im Schnee, kaum einige Schritte vom
nächsten Hause. Im Nebel war er seinen eignen Fuß-
spuren gefolgt und hatte sich vielleicht Stunden lang
im Kreise gedreht, bis er ermüdet zusammenbrach.

In diesem wilden Chaos kämpfender Elemente
betrat ich den Gletscher, vor dem Sie beim freundlich-
sten Wetter zurückbeben würden. Was aber ein Gewitter auf dem Gletscher ist, davon haben Sie keine
Ahnung. Die gewaltige Eismasse schien lebendig geworden, im Zucken der Blitze schienen diese Zacken
und Nadeln sich zu bewegen; der erstarrte Wasserfall
schien ein fließender, stürzender geworden. Kein Schritt
war sicher; die schützenden Eisdecken, die sonst die
Spalten überbrückten, waren zerbrochen; ich sah nicht
die gähnenden Klüfte, ich hörte nur das Brüllen des
Wassers in der Tiefe. Keinen Fuß durfte ich auf-
heben, ehe nicht ein Blitz mir die Stelle beleuchtet

hatte, auf die ich ihn niedersetzen konnte. Nur lang=
sam drang ich vorwärts. Ich war ermattet von den
Anstrengungen des Tages, von der Angst der letzten
Stunde. Eissplitter flogen um mich her, meine Hände
bluteten von den scharfen Zacken, an die ich mich
krampfhaft klammerte. Jetzt erfolgte ein furchtbares,
donnergleiches Krachen, das Eis unter meinen Füßen
erbebte und vor mir, kaum einen Schritt entfernt, sah
ich im Schimmer eines Blitzes eine breite Eisfläche
in einen entsetzlichen Schlund zusammenbrechen. Wei=
ter vermochte ich nicht. Ich rief mit verzweifelter
Anstrengung den Namen meiner Geliebten; das Kra=
chen des Donners, das Brausen des Gletscherwassers
übertäubte jeden menschlichen Laut. Hier gab es keine
Rettung. Verzweiflung erfaßte mich; ich hätte mich
in den Abgrund vor mir stürzen mögen. Aber ein
letzter Hoffnungsstrahl blitzte in mir auf. Es war ja
möglich, das Mädchen hatte noch vor dem Ausbruch
des Gewitters das jenseitige Ufer erreicht; es war ja
gewandt, umsichtig, besonnen. Dann war sie viel=
leicht jetzt auf dem Wege zur Hütte ihrer Eltern,
harrte wohl gar bereits auf der Schwarzalp meiner,
nur von Sorge um mein Ausbleiben erfüllt.

Meine Besonnenheit kehrte wieder. Vorsichtig
tappte ich nach dem Rande des Gletschers zurück, klet=
terte die Felswand hinauf, eilte den steilen Pfad am
Hübel hinab. Unten kamen mir Leute aus Rosenlaui
mit Laternen entgegen. Sie wichen scheu vor mir

zurück; denn ich mußte entsetzlich aussehen, mit zer-
riſſenen Kleidern, triefend, blutbedeckt, fieberglühend,
wie ich war. Ich hörte nur, daß Aenneli nicht in
Rosenlaui ſei; ich wußte es längſt. Weiter ſtürmte
ich durch Nacht und Nebel fort. Ich eilte zur Schwarzalp hinan. Das Gewitter war vorüber — ich merkte
es nicht; der finſteren Nebelnacht war eine milde
Dämmerung gefolgt, — ich ſah ſie nicht; dort vor mir
lag die Sennhütte. Ich ſah beſtürzte Geſtalten ſich
mir nähern; der alte Sennhirt ſtand vor mir, ich
hörte nur ſeine verzweiflungsvolle Frage nach Aenneli; — dann brach ich bewußtlos zu ſeinen Füßen
zuſammen.

Wochen lang lag ich vom heftigſten Fieber ge-
ſchüttelt in der einſamen Hütte auf der Schwarzalp.
Endlich erwachte ich zum Bewußtſein, und mit ihm
kam die Erinnerung jenes entſetzlichen Tages. Ich
erfuhr nun, was mir doch nicht verborgen bleiben
konnte. Aenneli war verſchwunden. Tagelang hatte
man nach ihr Gletſcher und Felſen durchſucht. Der
Gletſcher wälzte ſeine ſtarren Wogen über ihre Leiche.

Was weiter folgt, können Sie errathen. Der
Fremde hatte ſich noch in der Nacht nach jenem Ereigniß von Rosenlaui entfernt. Meine Pläne zur Rückkehr in die Heimat waren vergeſſen. Nach wie vor
durchzog ich die Berge und Thäler des Berner Oberlandes, und ſo ſehen Sie mich noch heute als Füh-

rer, nicht weil ich es nöthig hätte, sondern durch die Unruhe eines zerrissenen Geschickes.

Wenn Sie in den nächsten Tagen nach Rosen- laui kommen, dann besuchen Sie den Hübel am Fuße des Gletschers, dort nennen sie ihn den Hüter des Gletschers, mir ist er der Hüter meiner Liebe."

Wir erhoben uns von unserm Felsensitz und wan- derten schweigend durch den öden Aarboden zum Grim- selhospiz hinab. Kalte, feuchte Windstöße kamen uns entgegen; finster drohend lagerte die Gewitterwolke über dem Hasli, aus dem bereits ein dumpfes Don- nern herauf scholl. „Da unten wird es heute Nacht wild hergehen", sagte der Führer, nach dem Hasli deutend, „und morgen werden wir einen recht tüchti- gen Nebel hier auf der Grimsel haben. Aber das ge- hört ja auch zu einem rechten Alpenbilde."

Fünftes Kapitel.

Ein Blick in die Vorzeit.

Die Voraussagung meines Führers hatte sich er- füllt. Ein furchtbares Gewitter hatte während der Nacht durch die Klüfte des Hasli getobt. Allerdings waren nur die dumpfen Donner aus der Tiefe zu uns heraufgedrungen; aber am Morgen sahen wir uns doch

von den Nachzüglern dieses Gewitters gefangen gehalten. Ein dichter Nebel erfüllte den ganzen engen
Felsenkeffel der Grimsel. Meine Mitgefangenen im
Grimselhospiz waren trostlos genug. Vergebens er-
mahnte ich sie, geduldig zu warten, da der Nebel
nicht lange anhalten könne. Sie meinten nicht eilig
genug diesen unseligen Kessel verlassen zu können,
dessen geheime Schönheiten sie freilich nicht einmal
aufgesucht hatten. Ich ließ sie dahinziehen durch die
tückischen Nebel, die ihnen nun freilich auch die sonst
so offenliegenden Reize des obern Hasli verhüllen sollten. Gegen 10 Uhr schien eine Bewegung in die
unförmlichen Dunstgebilde zu kommen, und ich trat
nun allein meine Wanderung durch das Hasli an.
Kaum war ich eine Strecke weit in die enggewundene,
pflanzenöde Felsengasse vorgedrungen, welche vom Spi-
tal in das Hasli hinabführt, als plötzlich ein Windstoß den Nebel zerriß und vor mir und unter mir
die wunderbare Landschaft enthüllte. Da brauste tief
unten in dunkelm Spalt die Aar, himmelhohe Felswände erhoben sich zu den Seiten, mit Schneefeldern
und Gletschern gekrönt, Bäche und Wasserfälle in die
Tiefe sendend, und dort unten öffnete sich in granit-
ner Umzäunung ein lieblicher, grüner Garten, der
Räterichsboden, ein entzückender Anblick für Augen,
die Tage lang nur Eis und Felsen gesehen hatten.
Langsam wanderte ich hinab durch das reizendste, groß-
artigste der Alpenthäler, weidete mich an dem erhabenen

Anblick des Handeckfalls, und grüßte die grünen Wie-
senteppiche von Guttannen, die stolzen Eichen, die
riesigen Ahorne und Obstbäume im „Boden" und
im „Grund". Aber es war nicht allein dieser Wechsel der Landschaft, der mich in wenigen Stunden aus
Felsen- und Eiswüsten in die üppigste Vegetation hinabführte, es war noch das Bild eines andern Wech-
sels, das mich beschäftigte, und das ich dem Leser
hier vorzuführen versuchen will. Es war das Bild
eines Wechses, den Jahrtausende vollzogen hatten, es
war ein Bild aus der grauen Vorzeit, das mir auch
diese liebliche, von der Aar bald durchtobte, bald sanft
durchschlängelte Landschaft als eine öde Eiswüste zeigte.

Ich hatte das ganze lange Thal der Aar von
dem Abschwunge des Unteraargletschers bis nach Meiringen durchschritten, und überall war ich einer seltsamen Erscheinung begegnet. Alle Felswände des Thales waren bis zu einer gewissen Höhe über dem Thalboden jeder scharfen Ecke beraubt, gerundet, geglättet,
oft spiegelblank geschliffen und darüber hinweg gewöhnlich wieder von parallelen Furchen und Streifen durch-
schnitten. Ganz besonders schön gewahrte ich diese
Erscheinung in ihrer großartigsten Ausdehnung von
dem Gletscher selbst, namentlich nach dem Schneehorn
auf dem linken Ufer des Gletschers hin. Die obere
Grenze der Abschleifung zog sich hier etwa in einer
Höhe von 1000 Fuß über dem Gletscher, also in einer Höhe von über 7000 Fuß über der Meeresfläche,

faſt in wagerechter Linie hin, und die zackigen Felsſpitzen erhoben ſich ſo ſcharf und ſo plötzlich über dieſen abgerundeten Felswänden, daß man faſt auf den Gedanken hätte kommen können, es ſeien zwei ganz verſchiedenartige Geſteine, die hier über einander lagerten. Dennoch war es derſelbe granitartige Gneiß, der die rauhen Felsſpitzen oben und die glatten Rundhöcker unten bildete. Davon überzeugte ich mich ſofort in der Umgebung der Grimſel, wo die Felſen ringsum in gewaltiger Höhe aufſteigen, und man unmittelbar über die geſchliffenen Granitplatten wandert. Selbſt die Alles zerſtörende und ausgleichende Macht der Witterung hatte hier die Spuren der alten Schleifung nicht ganz verwiſchen können. Es zeigten ſich zwar einige Stellen der Granitfläche, wo die Verwitterung mächtig gewirkt, wo im Ganzen die Furchen und die Glättung vernichtet waren, aber die Rundung war noch dieſelbe, und die hervorragenden Quarzadern zeigten noch unverkennbar Politur und Furchung. Weiter abwärts durch das Hasli hin ſenkt ſich allmälig die obere Grenze der gerundeten und geſchliffenen Flächen, aber bedeutend geringer, als der Thalboden ſelbſt, ſo daß ſie in der Nähe von Guttannen bereits gegen 3000 Fuß über dem Flußbett der Aar liegt. Auch die Furchen und Streifen ſelbſt folgen meiſt in ihrer Richtung dieſer Thalneigung und weichen nur da merklich davon ab, wo eine plötzliche und bedeutende Unebenheit des Thalbodens eintritt. Man erkennt ſie besonders schön an zwei Stellen des Weges von der Grimsel zur Handeck. Hier treten zweimal gewaltige, spiegelblank geschliffene Granitplatten quer über den Weg, schroff hinausschießend über den Abgrund der tobenden Aar. Die eine dieser Platten, die sogenannte „helle Platte‟ trägt noch die von Agassiz eigenhändig eingemeißelte Inschrift: Eisschliff. Soweit noch die Gehänge des Thales aus festen krystallinischen Gesteinen bestehen, läßt sich die sonderbare Erscheinung der Glättung und Furchung verfolgen, und selbst fern über den Ufern des Brienzer See's tritt sie noch hervor.

Ich war dieser Erscheinung bereits mehrfach in den Alpen begegnet. Ich hatte sie bei meiner Wanderung durch das Tavätscher Hochthal und über die Oberalp auf das Deutlichste ausgeprägt gesehen und ihre obere Grenze an den Gehängen des Crispalt und der Oberalpgipfel in einer Höhe von mindestens 7000 Fuß über dem Meere auf weite Strecken verfolgt. Ich hatte bei dem Eintritt in das obere Urserenthal einen Felsblock getroffen, der außerordentlich scharf die Spuren der Ritzung und Glättung zeigte. Ich hatte auch durch das ganze Reußthal bis zum Gotthard hinauf solche gerundete und geschliffene Felsen erblickt, über denen sich erst in einer Höhe von 2 bis 3000 Fuß über dem Thalboden die zackigen Spitzen erhoben. Aber nirgends drängten sich die Beweise einer Thätigkeit längst entschwundener geheimnißvoller Naturkräfte

so mächtig auf, als hier im Thale der Aar und be=
sonders in der Umgebung der Grimsel. Nirgends
fühlte ich mich so lebhaft angeregt, das verblichene
Bild der Vorzeit wieder aufzufrischen.

Offenbar kann es nur eine Reibung gewesen sein,
welche diese glatten Flächen hervorbrachte. Da es nun
vorzugsweise der Granit ist, welcher diese Glättung
zeigt, so hat man eine eigenthümliche Erscheinung
damit in Verbindung zu bringen gesucht, auf welche
namentlich Leopold v. Buch zuerst aufmerksam machte.
Der Granit der Alpen und Schwedens bildet nämlich
sehr häufig große schalige Absonderungen, welche in
verschiedenen concentrischen Lagen einander bedecken.
In ganz besonders großartiger und belehrender Weise
sind diese Schalen an den kahlen Felswänden an der
südlichen Abdachung des Monte Rosa blosgelegt, und
sie zeigen hier in der That selbst in einigen Berg=
werken über hundert Fuß unter der Oberfläche genau
dieselbe Glättung und Streifung, wie sie im Aarthal
an der Außenseite der Berge sichtbar ist. Es wäre
also wohl denkbar, daß diese geschliffenen und gefurch=
ten oder gestreiften Felsflächen in der schaligen Abson-
derung des Granits selbst ihren Grund hätten, daß
sie gleichsam durch ein gewaltsames Uebereinanderschieben
der einzelnen Schalen entstanden wären. Wir kennen
ja Spiegelflächen in Gängen und Spalten, die in der
That nur durch eine von Reibungen begleitete Hebung
oder Senkung verschiedener Gebirgstheile zu erklären

sind. Aber einer solchen Erklärung der Schliffflächen und Rundhöcker der Alpen, wie sie von zwei berühmten Geologen, den Gebrüdern Schlagintweit, wirklich versucht worden ist, stehen doch bedeutsame Thatsachen entgegen. Es gibt zunächst ein sehr sicheres Unterscheidungszeichen für Schliffflächen, die durch eine innere Reibung an einander hingleitender Felsmassen entstanden sind, von solchen, die von außen wie unter einem künstlichen Polirwerk abgeschliffen wurden. Bei den ersteren werden stets vertiefte Furchen mit erhöhten Leisten abwechseln, weil die Wirkung eine wechselseitige ist, bei den letzteren werden nur vertiefte Linien sich zeigen können. Erhöhte Leisten aber sind außer jenen durch Verwitterung hervorgetretenen, geschliffenen Quarzadern noch nirgends an den Schliffflächen der Alpen beobachtet worden. Ueberdies zeigt sich die Glättung und Furchung beim Granit und Gneiß nicht allein, sondern auch am Glimmerschiefer, und selbst am schaltgen Granit fallen die Schliffflächen nicht immer mit den Absonderungsflächen zusammen, sondern schneiden und kreuzen sie bisweilen geradezu. Bei dem Glimmerschiefer und schieferigen Gneiß geht die Schleifung vollends oft quer über die Schieferung hinweg, wie die Furchen und Streifen überhaupt keineswegs der inneren Gesteinstextur, sondern der Thalneigung folgen. Wäre endlich die Glättung der Flächen aus einer solchen Verschiebung von Gesteinsschalen entstanden, so müßten offenbar die geglätteten Flächen sich bisweilen auch in Vertiefungen und Spalten fortsetzen, während in Wirklichkeit selbst hinter einem unbedeutenden Vorsprunge stets die Felsoberfläche sich von jeder Glättung und Furchung frei zeigt.

Wenn bei solchen Thatsachen es nicht recht möglich erscheint, in der Reibung über einander gleitender Felsmassen die Ursache jener weit verbreiteten Erscheinung der Alpen zu suchen, so gibt es außer jener nur noch eine einzige Kraft, welcher so gewaltige Wirkungen zugeschrieben werden können. Das ist die Kraft jener Gletscherbewegung, die wir dort oben in dem öden Hochthale am Fuße des Finsteraarhorns noch heute so sichtbar wirken sahen. Unter dem furchtbaren Drucke dieser Eismassen, die sich langsam durch das Thal hinschoben, Felsen zermalmend und mit ihren eingefrornen Trümmern in Ufer und Boden einschneidend, konnten wohl die Granite dieses Thales ebenso geglättet und gefurcht werden, wie wir es heute noch freilich im Kleinen beständig an den schwarzen Kalksteinen des Rosenlauigletschers geschehen sehen. Allerdings mußte dann dieser Aargletscher in der Vorzeit eine Ausdehnung haben, wie es alle unsere Vorstellung von Gletschern übersteigt. Das ganze Thal der Aar bis hinab in das Hasli, bis hinab zu den Felsenufern des Brienzer See's, dieser liebliche grüne Garten von Guttannen bis Meiringen, ja bis Interlaken, mußte einst von einer mehr als 3000 Fuß mächtigen Eismasse erfüllt sein. Gewiß würde sich

der Gedanke hartnäckig gegen eine so trostlose Verwandlung dieser Scenerie sträuben, wenn nicht Thatsachen vorhanden wären, die eine zwingende Kraft besitzen. Wenn man aber hinabwandert von der Grimsel nach Meiringen, da stößt man auf die unverkennbaren und unverwüstlichen Spuren dieses uralten Gletschers. Da liegen noch die Blöcke der Seitenmoränen,
da erhebt sich noch der mächtige Trümmerwall der Endmoräne. Hie und da hoch oben an den Felswänden

Alte Moränenblöcke an den gerundeten Felsabhängen des
Oberaarthals.

11 *

auf den abgerundeten Abhängen liegen einzelne eckige,
oft scharfkantige Blöcke, fast schwebend in gefahrvollen
Stellungen, in die sie weder ein Sturz von oben
noch eine Wasserfluth versetzen konnte. Das thauende
Eis des Gletschers, auf dem sie sich einst fortbeweg-
ten, muß sie hier zurückgelassen haben. Sie kamen
fern her aus den oberen Theilen des Thales; denn sie
sind anderer Gesteinsnatur als ihre Unterlage; Granitblöcke ruhen auf Gneiß, Gneißblöcke auf Glimmerschiefer. Dort unten im „Grunde", wo das Hasli
sich plötzlich erweitert, liegt die alte Endmoräne des
ungeheuren Gletschers. Dieser weite Gebirgskessel ist
unverkennbar ein alter Gletscherboden, wie der Räterichsboden weiter aufwärts. Zahlreiche, gewaltige Granitblöcke liegen hier ringsum aufgehäuft, die der Gletscher einst bei seinem Zurückweichen zurückließ. Der
gewaltige Kalksteinriegel des Kirchet, welcher oberhalb
Meiringen das Aarthal versperrt und dem Fluß nur
durch eine enge, finstere Spalte den Ausweg gestattet,
ist, wenn er selbst auch nicht als Rest der alten Endmoräne gelten möchte, doch gleichfalls mit der Trüm-
merlast des entschwundenen Eisstromes bedeckt.

So also bietet sich uns hier ein düsteres Bild
der Vorzeit, eine weite, trostlose Eisdecke, die sich
über die schönsten Thäler und Fluren des Alpenlandes
verhüllend ausspannte. Aber das Bild ist noch nicht
vollendet, es ist nur das Bruchstück eines düster-er-

habenen Gesammtgemäldes, das sich dem weiterausspä-
henden Blicke eröffnet.

Nicht allein hoch über den heutigen Gletschern,
sondern auch weit entfernt von ihren jetzigen Grenzen
begegnet man Erscheinungen, die auf räthselhafte Vor-
gänge in der Vorzeit hindeuten. Wenn Sie hinab-
wandern durch das Hasli und an den Ufern der schönen See'n entlang bis Thun, wo die Aar aus ihrem
Hochgebirgsthal in das Hügelland hinaustritt, so finden Sie überall an den Thalgehängen große Blöcke
zerstreut, die den Blöcken der Gletschermoränen in
überraschender Weise gleichen. Selbst in den garten-
gleichen Fluren des Berner Niederlandes finden Sie
noch zahlreiche solcher Blöcke, trotzdem die Kultur sie
bereits seit Jahrhunderten zu ihren Bauten verwendet
oder als Hindernisse des Ackerbaues bei Seite geschafft
hat. Haben Sie endlich dieses 15 bis 20 Stunden
breite Thal, eines der breitesten und tiefsten der Erde,
durchschritten, und steigen Sie nun an den Abhängen des Jura hinan, so sehen Sie erstaunt dieselben
räthselhaften Moränenblöcke, ja dieselben Schliffflächen,
Rundhöcker und Streifen, die schon auf der Grimsel
und im Hasli Ihre Gedanken rege gemacht hatten.
Sie blicken fragend hinauf nach den Höhen, von denen diese Blöcke herabgestürzt sein könnten; aber nirgends zeigen sich diese Höhen, und nur am fernen
Horizonte schimmern bläulich die silbernen Eiszinnen
der Alpen. Von dort her sollten diese Steinmassen

hier herübergewandert sein, diese oft hausgroßen Blöcke
mit Durchmessern von 30 bis 40 Fuß, und troß sol=
cher Reise sollten sie ihre scharfen, eckigen Formen be=
wahrt haben?   Sie zweifeln, und doch läßt die Natur
und Lage dieser Steine Ihnen keine andere Annahme
übrig.   Es sind Granite, Gneiße, überhaupt krystal=
linische Gesteine, die hier auf den Hügeln und in den
Thälern einer Kette ruhen, welche aus Kalkstein und
andern von denen der Alpen ganz abweichenden Fels=
arten besteht.   Sie liegen hoch oben an den Gipfeln
steiler Hügel oder an jähen Gehängen in fast schwe=
bender Lage, in welche sie nur der sonderbarste Zufall
versehen konnte.

Seit mehr als einem halben Jahrhundert hat diese
Erscheinung von Alpenblöcken auf den Abhängen des
Jura die Geologen überrascht und in Verwirrung ge=
bracht.   Als noch keine Hypothese überhaupt zu gewagt
sein konnte, um in der Wissenschaft der Erde Glauben
zu finden, da dachte man an irgend eine unterirdische
Schleuderkraft, welche einst bei der Erhebung der Alpen
diese Felsblöcke in ungeheuren Bögen über 10 Meilen
weit fortgeschleudert habe.   Als man aber einzusehen
begann, daß in der Vorzeit der Erdgeschichte keine
anderen und maßloseren Kräfte gewirkt haben können
als heut, daß überhaupt zwischen dem Einst und Jeßt
nicht scharfe Grenzen gezogen werden können, da einigte
man sich wenigstens in der Ueberzeugung, daß diese
Blöcke wirklich einst eine Wanderung erlebt haben

müſſen. Ueber die Art dieſer Wanderung aber gehen die Anſichten noch heute auseinander.

Daß das Wunderbare und Gewaltſame nicht ſofort aus dieſen Erklärungsverſuchen verbannt wurde, dafür zeugt die Hypotheſe des berühmten Sauſſure. Von reißenden, ſchlammigen Fluthen, welche einſt bei der plötzlichen Erhebung der Alpen von ihren Gipfeln herabſtürzten, ſollen dieſe Blöcke in die Ferne geführt ſein. Freilich ereignen ſich noch heute bei Durchbrüchen von See'n durch Fels = oder Eisdämme in ſtark geneigten Alpenthälern Fluthen von furchtbarer Gewalt, die Häuſer und Wälder, ja die größten Felsblöcke auf meilenweite Entfernungen fortreißen. Aber ſolche Ströme führen ihre Trümmer immer nur in die Thäler hinab, nicht über Ebenen und See'n hinweg, nicht zu mehreren Tauſend Fuß hohen Gebirgshängen hinauf. Ueberdies ſinkt die Annahme von einem plötzlichen Aufſteigen der gewaltigen Alpenkette aus den geöffneten Schlünden der Erde immer mehr in das Reich phantaſtiſcher Träume zurück, und damit entſchwindet auch die Urſache, welche jene wilden Fluthen erklärte.

Sie kennen bereits aus der heutigen Wirklichkeit einen andern Träger für ſo gewaltige Steinmaſſen, das bewegte Gletſchereis. Aber der Gedanke, daß die Alpengletſcher einſt in ſo ungeheurem Maße ihre heutigen Grenzen überſchritten haben ſollten, ſchien doch ſo kühn, daß er erſt vor 38 Jahren zum erſten Male ausgeſpro-

chen wurde. Benetz war der Urheber dieses kühnen
Gedankens, und der berühmte Charpentier, der ihn
zu dem seinigen machte, zweifelte auf Grund seiner
Beobachtungen im Jahre 1836 kaum noch, daß die
alten Gletscher sich einst von den Alpen bis zum Jura
erstreckt und mit ihren Moränen das ganze breite Thal
der Schweiz durchzogen haben müßten. Da kam Agassiz, der geistvolle Alpenforscher, und suchte mit be-
wunderungswürdigem Scharfsinn die Spuren auf, welche
die Thätigkeit der großen Eismassen hinterlassen hatte,
die nach seiner Ansicht einst die ganze Oberfläche der
Alpen und die angrenzenden Ebenen bedeckt haben sollen. Sie kennen diese Spuren bereits. Sie wissen
zunächst, daß die Oberfläche jedes großen Gletschers
mit Schutt und Steinen bedeckt ist, welche Regen,
Blitz, Frost oder Lavinen von den anstoßenden Abhängen losgelöst haben; Sie kennen die langen Steinreihen, die dadurch entstehen, die Moränen, welche die
Seiten jedes Gletschers einfassen. Sie kennen aber
auch die gewaltigen Stein- und Geschiebehaufen, die
jeder sich fortbewegende Gletscher vor sich her schiebt
und im Abschmelzen zurückläßt. Diese mächtigen
Steindämme, die oft, von nachfolgenden Fluthen in
Hügel zerrissen, noch wie alte Erdwerke in manchem
vormaligen Gletscherthale stehen, sind jedenfalls die
hervorstechendsten jener Gletscherspuren. Sie wissen
auch, daß sie sehr leicht kenntlich sind an der regello-
sen Durcheinanderlagerung großer und kleiner Blöcke,

wie an den scharfkantigen Trümmern neben abgerun=
deten Blöcken und Schlamm und Sand, worin ein=
zelne Felsstücke unter dem zermalmenden Drucke der sich
fortschiebenden Eismassen verwandelt wurden. Aber
Sie wissen freilich auch, daß diese Endmoränen, ge=
rade weil sie am meisten hervorragen, von der Zeit
auch am leichtesten verwischt werden. Durchbrüche von
Gletschersee'n, plötzliche Ueberschwemmungen zerstören
sie, streuen ihre Bestandtheile wild durcheinander und
breiten sie über die Flußebene aus.

Die sichersten Beweise für das Dasein alter Glet=
scher bleiben darum immer die polirten, gestreiften und
gefurchten Oberflächen der Gesteine. Sie rühren her
von den Steinen, die unter dem Gletscher liegen und
zum Theil an ihm festgefroren langsam mit ihm fort=
geschoben werden. Unter dem furchtbaren Drucke die=
ser Eismassen wirkt der feine Sand gleich dem Smir=
gel in einem Polirwerk schleifend auf die Unterlage.
Die scharfen Kiesel zerkratzen und furchen zugleich die
Oberfläche wie Grabstichel, und die großen Steine
höhlen selbst Vertiefungen darin aus. Die Spuren
dieser Thätigkeit sind auf dem Jura unverkennbar er=
halten, am schönsten, wo Vegetation und Torfschich=
ten die geglätteten Flächen vor der Verwitterung be=
wahrten.

Gleichwohl scheint es noch nicht durchaus noth=
wendig, Gletschern diese Wirkungen zuzuschreiben, da
Darwin und Lyell nachgewiesen haben, daß auch

das Treibeis der Polarmeere ganz ähnliche Schliff=
flächen und Furchen hervorbringt, ganz ähnlich den
Transport gewaltiger Felsblöcke in weite Fernen be=
wirkt. Letzterer hat in der That die Ansicht aufgestellt,
daß die Granitblöcke des Jura durch Treibeis dorthin
geführt seien, zu einer Zeit, wo das ganze südliche
Schweizerthal und ein Theil der Alpen= und Jura=
kette noch vom Meere bedeckt war. Er nimmt an, daß
die Alpen damals noch nicht halb so hoch waren als
jetzt, und vergleicht sie mit den Anden Chili's, die,
unter ähnlichem Breitegrade gelegen, noch heute Glet=
scher in die zahlreichen Sunde der Küste hinabsenden,
von denen mit Granitblöcken beladene Eisberge in's
Meer hinausschwimmen. Er vergleicht den Jura der
damaligen Zeit mit jener langen, schmalen Insel Chi=
loë, die durch einen tiefen, 25 englische Meilen brei=
ten Kanal vom Festland getrennt, sich parallel mit
diesem hinzieht. Es ist bekannt, daß zahlreiche Um=
stände auf eine Erhebung dieses Landes in sehr neuer
Zeit hindeuten. Unter den Geröllschichten Chiloë's
fand nun Darwin zahlreiche große Granitblöcke, die
offenbar aus den Anden stammten, in einer andern
Gegend eckige Syenitblöcke, gleichfalls andern Theilen
der Anden angehörig. Lyell vermuthet daher, daß
diese Blöcke einst durch Eisberge aus verschiedenen
Buchten der Anden herübergetragen wurden, daß diese
Eisberge an den Küsten der damals noch niedrigen Insel
strandeten, und die abgeworfenen Steintrümmer erst,

als Land und Meer sich erhoben, in ihre jetzige Lage
auf den Höhen von Chiloë versetzt wurden. Sollte
diese Erhebung weiter fortschreiten, so würde die Kette
der Anden bald die Höhe der Alpen und die Insel
Chiloë die Höhe des Jura erreicht haben; der Kanal
zwischen Insel und Festland würde trocken gelegt wer=
den und so uns ein überraschendes Seitenstück zu dem
großen Thale der Schweiz darbieten. An den ehema=
ligen Küsten würden wir dann denselben Schliffflächen
und Furchen begegnen, von Küsteneis und strandenden
Eisbergen verursacht.

So einleuchtend diese Theorie erscheint, die über=
dies keineswegs selbst vorzeitige Gletscher des Jura
ausschließt und jedenfalls den Alpengletschern eine Aus=
dehnung bis zu den damaligen Meeresufern anweist,
so stehen ihr doch noch einige gewichtige Thatsachen
entgegen. Vergebens sehen wir uns nach dem Becken
um, welches jenes Meer umschloß, dessen Spiegel einst
4000 Fuß über dem heutigen Meeresniveau gelegen
haben müßte. Jene Oeffnungen in der Jurakette zwi=
schen Baden und Aarau, wie die große Oeffnung des
Rhonethals unterhalb Genf, müßten jedenfalls damals
noch geschlossen gewesen sein, und auch im Osten müßte
in der Richtung des Albis bei Zürich ein kräftiger
Damm den Fluthen dieses See's entgegengestanden ha=
ben. Dann bliebe aber immer noch die Erklärung
der ganz ähnlichen Erscheinungen übrig, die sich weit

über die Grenzen dieses Seebeckens, namentlich durch die ganze Ebene der Lombardei erstrecken.

Interessante Aufschlüsse haben die Untersuchungen L. v. Buch's, Escher's und Studer's geliefert. Sie haben nachgewiesen, daß diese Wanderblöcke der Schweiz in ihrer mineralischen Zusammensetzung gleichsam einen Heimatschein mit sich tragen. Die Blöcke des westlichen Jura, namentlich in der Nähe von Neufchatel, stammen unzweifelhaft aus der Gegend des Montblanc, also aus dem Rhonethal, die Blöcke des mittleren Jura sind vom Berner = Oberland, also aus dem Aarthal hergekommen; die Blöcke des östlichen Jura endlich weisen auf die Berge von Zug, Schwyz, Glarus und Uri als ihre Heimat hin. Die Trennung dieser Blöcke ist so scharf, und die Richtung ihrer Zerstreuung stimmt so auffallend mit der Richtung der großen Flußthäler der Rhone, der Aar, der Reuß und Limmat überein, daß unzweifelhaft die Ursache ihrer Fortbewegung von diesen Thälern aus abwärts wirken mußte. Allerdings ist damit über die Natur dieser Ursache, ob sie Gletscher, ob schwimmende Eisberge gewesen, nichts entschieden. Ueberhaupt steht eine solche Entscheidung noch immer nicht in Aussicht. Auch gegen die Annahme von Gletschern läßt sich Manches einwenden, besonders, wenn man, wie Agassiz, nicht einzelne und getrennte Gletscher, sondern eine völlige Vergletscherung des ganzen Schweizerthales, eine mächtige Eisfläche, die sich von den Alpen

bis zum Jura erstreckte, annimmt. Es bleibt dann
die große Schwierigkeit vorhanden, daß sich bei einer
so gewaltigen Ausdehnung für jene Gletschermasse nur
eine Neigung von 2° ergiebt, eine geringere also, als
sie bei irgend einem heutigen Gletscher wahrgenommen
wird. Sollte sich aber die Beobachtung bestätigen, die
man in neuerer Zeit gemacht haben will, daß nämlich
die Wanderblöcke am Jura zu ungleichen Höhen aufsteigen, so würde das allerdings ein entscheidendes Gewicht für die Gletscher der Vorzeit in die Wagschale
entgegenstehender Meinungen werfen.

Wir entscheiden hier nichts. Wir halten uns an
unser Bild, und dies Bild bleibt immer ein wunderbar großartiges, sei es ein mächtiger See, der seine
blauen Wellen in die wilden Hochgebirgsthäler hinein-
wälzt, sei es ein riesiger, steinbeladener Gletscher, der
durch den lieblichen Garten der Schweiz dahinschleicht.
Und dieses Bild erweitert sich, wenn wir hinüber
blicken nach dem Norden unserer Erde. Aus Skan-
dinavien und Finnland stammende Felsblöcke bedecken,
einzeln verstreut oder in Gruppen vereinigt, das ganze
niedere Europa von den Ostküsten Englands bis zum
Fuße des Ural. Bis zu den Ufern des Lorenzostromes
und des Niagara hinab ziehen sich durch ganz Nord-
amerika die Abkömmlinge nordischer Berge. Polirte
Felsflächen, Furchen und Streifen zeigen sich mit diesen Wanderblöcken auch hier überall vereint, in Kanada, in Finnland und Schweden, wie selbst an den

sächsischen und schlesischen Gebirgsabhängen, welche das
Gebiet begrenzen. Also wieder Wirkungen des Eises,
wieder eine ungeheure, theils vom Meere bedeckte, theils
unter gewaltiger Eislast starrende Fläche, die jetzt der
Schauplatz blühenden Lebens ist! Im Anschauen die-
ses großen, wilden Bildes versunken, gedachte ich der
Wechsel, welche die Natur über die Länder der Erde
herbeigeführt hat. Dieser öde, düstere Gebirgskessel der
Grimsel, er war einst noch öder, erfüllt von kalter
Schneelast! Und doch erzählt die Sage von grünen-
den Matten, welche den trümmerbedeckten Aarboden dort
oben einst schmückten, doch nennt sie diesen düstern
Grimselsee die Thränen des Ahasverus, die der unstäte
Wanderer weinte in Trauer über die Verödung einer
Gegend, die er einst als Paradies geschaut hatte!

Noch manche solcher Bilder umschließt die herrliche
Alpenwelt, und wer sie schauen will, der wandere hinauf
zur einsamen Grimsel und versenke denkend den Blick
in die Tiefen der Gletscher- und Felswüsten, die ihn
umgeben!

Bilder aus der mitteldeutschen Gebirgswelt.

Wer an den Schreibtisch gebannt und den Staub und Dunst großer Städte zu athmen verdammt ist, den treibt es wohl einmal hinaus in die freie grüne Natur, mit der reinen Luft der Berge frische Nahrung für Geist und Herz einzusaugen. So hat es auch mich gar manchmal in die Ferne getrieben. Geschäftliche Gedanken und Sorgen begleiteten mich oft, und wie es dem Traurigen geht, wenn er in eine lustige Gesellschaft tritt, mich verstimmte anfangs die freie Natur. Aber wenn mich die dunklen Wälder umfingen, und ich in ihren Schatten gelagert hinaufschaute zu den Spitzbögen der Fichtenkronen, wenn ich dem Gemurmel des vorüberfließenden Baches lauschte, dann tauchten die Träume der Kindheit vor mir auf, und ich gedachte der kleinen Birkenbüsche und der dürren Kiefernhaiden, die wie ein Heiligthum eine Fülle himmlischer Schauer und süßer Wonne einst dem Kinde umschlossen. Der gereifte Mann verlangte freilich stärkere Eindrücke. Was einst die verkrüppelten Birken und Kiefern, das vermochten jetzt kaum die Riesengestalten der Fichten und Lärchen. Und doch lag etwas Ehrfurchtgebietendes in diesen altersgrauen Stämmen. Ich sah, sie hatten gekämpft mit dem Sturmwind, und der Schnee hatte manchen stolzen Wipfel gebrochen; aber gleich dem Gewirr der Eriken und Heidelbeeren zu ihren Füßen hatten sich ihre Zweige zu einer dichten Decke verschlungen. In langen grauen Bärten hing die Usnea barbata von ihren Zweigen und Stämmen hernieder, und hie und da hatte bereits diese Flechte eine schlanke Lärche erstickt. Kampf und Schmerz also auch hier! Aber in dem frischen Grün des mächtigen Waldes verschwand das Leiden des Einzelnen. Da löste sich auch meine Verstimmung in heitre Harmonie auf, und in freundlichen Bildern malten sich mir die Ferne und die Zukunft.

Vorzugsweise waren es die mitteldeutschen Gebirgs= landschaften, in denen ich meine Erholung suchte. Der milde Hauch, der sich über ihre Hügel ausbreitet, das frische Grün, das ihre von klaren Bächen durchzogenen Gründe bedeckt, die herrlichen Eichen = und Buchenwälder, welche ihre Thäler und Höhen so oft schmücken, vollends das jugendlich anmuthige Aussehen, womit jeder Frühling diese während der Wintermonate ihres Schmuckes entklei= deten Gegenden belebt, alles das läßt sie einen wunderba= ren Zauber auf das Gemüth des Deutschen ausüben, des= sen tiefgewurzelten Natursinn sie vorzugsweise entsprechen, in dem sie tausend liebe Erinnerungen wecken, sei es an uralte Thaten, sei es an naturfrische Gebilde deut= scher Dichtung. Keine wilde, großartige Scenerie ver= wirrt hier den Blick; ruhig gestalten sich die Bilder, unmerklich verflicht sich die Landschaft mit der Geschichte des Bodens und mit der Geschichte der Menschen. Einige der Bilder, die ich auf diesem herrlichen Stücke deutscher Erde geschaut, führe ich dem Leser hier vor, nicht um ihres künstlerischen Werthes, auch nicht um ihrer Ausführlichkeit willen, sondern um in dem Leser das Verlangen zu wecken, selbst ihre Originale zu schauen.

Erstes Kapitel.
Der Kammerbühl und die Luisenburg.

Ueber die einförmigen Höhen des Erzgebirges, das als ein 18 Meilen langer Damm das schöne Sachsenland begrenzt, zog ich einst hinab in das böhmische Land, um die weiten Auen des Egerlandes zu durchwandern. Die dunkeln Wälder des Erzgebirges waren bald hinter mir verschwunden; kahle Felsen schauten zu mir hernieder, und dürres Gestrüpp umkränzte die verbrannten Wiesen, denen das Wasser fehlte, weil es nicht mehr der Schatten der Wälder schützte. Die Axt des Menschen hatte hier die stolzen Wälder vernichtet! So fanden also auch sie, die vielleicht Jahrhunderte dem Sturme getrotzt hatten, ihren Meister! Mir wurde bang in dieser civilisirten Natur; sie hatte

nichts Erhebendes, nichts Ehrfurchtgebietendes für mich;
denn ihr fehlten die Zeugen vergangener Kämpfe. Da
trat mir die Völkergeschichte mit den Denkmälern ihrer
Vorzeit entgegen. Ich sah die Heere des dreißigjäh-
rigen Krieges lagern auf den fruchtbaren Gefilden des
Egerlandes, und vor meine Augen zauberte der Anblick des Schlosses von Eger jene Gräuelscenen, welche
die großartige Tragödie Wallensteins zu Ende spielten, die Niedermetzelung seiner Obersten, seinen eignen
Tod. Diese altersgrauen Ruinen hatten der verwü-
stenden Hand des Menschen besser getrotzt, als die
Wälder auf den Bergen; sie allein sprachen von einer
Dauer in der Vergänglichkeit, die mich rings umgab.
Auch sie waren freilich schon Trümmer, und ein spä-
teres Jahrhundert sieht sie vielleicht nicht mehr. Da
fiel mein Blick auf einen gewaltigen schwarzen Thurm
am Eingange des Schlosses, dessen ganzes Ansehen
verrieth, daß er ein Fremdling in diesen Ruinen war.
Er war nicht im Laufe der Zeiten verwittert, nicht
von Flechten und Moosen zernagt, nicht von Menschenhand zerrissen worden; und doch sah ich es ihm an,
daß er ein Greis war gegen die verfallenen Ruinen
des Schlosses, daß die Berichte wohl nicht lügen mochten,
die ihn von Römern oder Markomannen erbaut werden
ließen. Aus mächtigen, nur an den Kanten behauenen
Lavablöcken war er aufgerichtet! Lavablöcke? frug ich
mich anfangs, wie kommen diese Erzeugnisse vulkanischen Feuers in diese stille Gegend? Da fiel mein

Blick auf einen nicht weit entfernten kleinen Hügel,
der sich kaum 75 Fuß über die flache Glimmerschiefer=
höhe zwischen Eger und Franzensbad erhebt. Das
schwarze Ansehen seines Gipfels ließ mich einen Zusam=
menhang mit dem schwarzen Römerthurme des Eger=
schlosses vermuthen. Ich hatte Recht: es war der
Kammerbühl, aus dessen basaltischen Schlacken einst das
Baumaterial zu jenem festen Thurme gebrochen wurde.

Ein wunderbar fremdartiger Anblick ist es, den
dieser Hügel dem Beschauer gewährt. Poröse Schlacken=
stücke und Lapilli, oft so aufgebläht, so schaumig, daß
sie dem Bimsstein gleichen, bedecken seine ganze Fläche
und bilden besonders auf seiner Westseite zahlreiche wag=
rechte Schichten. Als stünde man am Fuße des Vesuv,
sieht man hier jene vulkanischen Bomben, flachgedrückte,
länglichrunde Schlackenmassen oft von einem Fuß im
Durchmesser, welche eckige Quarz= und Glimmerschiefer=
bruchstücke einschließen, an denen sich die unverkennbar=
sten Spuren feuriger Einwirkungen zeigen. Bisweilen
sind sie so durch und durch verglast, geschmolzen oder
mürbe gebrannt und mit einer so frischen Schlacken=
rinde bedeckt, daß man glauben möchte, sie wären eben
erst dem Krater eines Feuerberges entflogen. Ja, hier
stand ich wirklich vor einem Denkmal einer alten Zeit,
hier trat mir in lebendiger Frische ein Ereigniß vor
die Seele, von dem freilich die Urkunden menschlicher
Geschichte nichts zu erzählen wissen. Zu jener Zeit,
als in dem weiten böhmischen Becken noch das Meer

fluthete, öffnete die Erde hier ihren vulkanischen Schlund. Dort wo der Basaltfelsen zu Tage steht, quoll die Lava hervor, und wo heut die mächtigen Schlackenschichten liegen, ward die geschmolzene Masse in das Meer geschleudert, erkaltete und zerriß in viele Stücke, die, von den Fluthen fortgeführt, allmälig niedersanken und sich schichtenweis auf dem Meeresboden ablagerten.

Als ich nun weiter zog, da waren die Berge mir nicht mehr stumm, auch wenn keine Wälder rauschten und keine Bäche rieselten. Da erzählte mir jeder Stein am Wege eine Geschichte aus der Vorzeit des Landes.

Dem Egerthale aufwärts folgend, überschritt ich die böhmische Grenze und betrat das herrliche Frankenland. Die Wälder des Fichtelgebirges nahmen mich auf, dieses echten deutschen Mittelgebirges, von dem Rhein, Donau und Elbe Zuflüsse empfangen. Ein gewaltiges Felsenchaos erhob sich hier vor mir, die Lutsenburg bei Wunsiedel. Ungeheure Granitblöcke sind es, die kühn auf einander gethürmt bald nur zu schweben, bald noch im Herabstürzen begriffen zu sein scheinen, die wild durch einander geworfen ein Labyrinth von Schluchten und Grotten und Spalten bilden. Ein gewaltiges Ereigniß muß einst diese grauenvollen Trümmer geschaffen haben, und vergebens bemüht sich die sanfte Moosdecke, vergebens der kräftige Fichtenstamm, der seine Wurzeln krampfhaft um die Blöcke schlingt und seine Zweige durch die Schluchten und Spalten

drängt, mit frischem Grün die Spuren der Zerstörung
zu verwischen. Nicht Wasserfluthen, nicht Wolkenbrüche
konnten diese festen Steinmassen zerrissen haben. Auch
aus der Ferne wurden sie nicht hierher geschleudert,
denn die Masse des Berges, dessen Gipfel sie bedecken,
zeigt bis in unergründliche Tiefen dasselbe Granitge-
stein. War es wieder die feurige Gewalt des Erdinnern, die einst, vielleicht als sie die untere zusammen-
hängende Granitmasse des Berges hervorschob, die obere
Decke durchbrach und zertrümmerte? Der Stein selbst
gibt mir keine Beweise seines feurigen Ursprunges, ich
sehe keine Schlacken, keine geschmolzene oder verglaste
Rinde, keine schaumigen Blasen an ihm, wie bei dem
Basalte des Kammerbühl. Er ist vielmehr ein körni-
ges Gemenge von Quarz, Feldspath und Glimmer, die
sich oft in den schönsten Krystallgestalten zeigen.

Ich nahte dem Fuße des Gebirges, und hier erst
fand ich eine Andeutung der Ursache, welche die Gipfel
desselben zertrümmert hatte. An schroffen Felswänden,
an den Einschnitten der Straßen sah ich, wie die Blät-
ter eines Buches, regelmäßige Schichten des Thonschie-
fers übereinandergelagert. Diese Schichten erzählten
mir auch von einer frühen Zeit, in der sie entstanden,
von einer Zeit, in welcher weithin das Land vom
Meere bedeckt war, aus dem die festen Theile allmälig
zu Boden sanken. Wie viele Jahrtausende mögen dazu
gehört haben, um diese mächtigen Lager aufzubauen!
Aber ich sah nicht wagerechte Schichten, wie sie sich

doch aus dem Wasser bilden mußten, wenn sie nicht
gestört wurden! Hier lagen sie geneigt, dort standen
sie fast senkrecht, oft mannigfaltig gekrümmt und ver-
worfen. Eine andere Kraft mußte hier eingewirkt
haben, als die Schichten vollendet waren. Dort wo
sich der Granit aus ihnen erhob, waren sie besonders
steil, wild und zerrissen. Der Granit also hatte sie
wohl durchbrochen, als er aus dem Erdenschooße her-
vorstieg, hatte sie aufgerichtet, und als neue Schichten
sich an ihrem Fuße abgelagert hatten, war eine neue
Hebung erfolgt, welche auch diesen eine geneigte Lage
gab, bis endlich in der Zeit der Ruhe das letzte fruchtbare Erdreich sich bildete, aus dem die Wälder sproß-
ten, und das die Fluthen nicht mehr bespülten.

So las ich eine ganze Geschichte von wilden Ereignissen der Vorzeit in den Denksteinen der Erde,
über die vielleicht Tausende schon gedankenlos hingeeilt
waren! Und ich las noch mehr! Wie mich als Kind
so oft das Mährchen in eine Wunderwelt von Gestalten und Formen versetzt hatte, so führten mir jetzt
auch die Steine seltsame Welten vor die Seele, reich-
bevölkert von fremdartigen Geschöpfen der Thier- und
Pflanzenwelt. Nur waren es nicht Traumgebilde, es
war Wirklichkeit. In Kalksteinen und Thonschiefern
fand ich die versteinerten Ueberreste von Seemuscheln
und Schnecken, riesige Ammonshörner, Krebse, Fische,
Eidechsen; ich sah die Abdrücke von Farrnkräutern,
Schachtelhalmen und Palmen. Aus dem Meere also

erhoben sich einst Inseln, welche von Wäldern bekleidet wurden. Die Fluthen bedeckten sie aufs Neue und lagerten neue Gesteinsschichten darüber, bis wieder das Land sich erhob, wieder Pflanzen darauf wucherten und sich allmälig Amphibien, endlich Landthiere ansiedelten. Furchtbare Thiere lebten in den Buchten dieser Inseln, Thiere, wie sie die Phantasie kaum bilden kann, wenn sie Drachen und Lindwürmer in ihren Romanzen dichtet. Bald gleichen sie riesigen Krokodilen von 50 Fuß Länge mit Schlangenhälsen, bald scheußlichen Vampyren. Es war eine Wunderwelt, welche mir die Steine erschlossen hatten.

Ich hatte einen Blick gethan in die geheime Werkstätte der Natur! Und als ich nun meine Gedanken schweifen ließ über die heutige Oberfläche der Erde, als ich mir die Zerstörungen durch Erdbeben, Bergstürze, reißende Ströme und Wolkenbrüche vergegenwärtigte, von denen ich alljährlich hörte; da überkam mich die freudige Gewißheit, daß die Natur heut keine andre als einst, daß sie, die ewiggleiche, zu allen Zeiten in gleicher Weise schafft. Bald arbeitet sie im Stillen, bald unterbrechen plötzliche Erschütterungen, gewaltsame, stürmische Ereignisse den scheinbaren Frieden der Schöpfung. Freilich gewähren die reichbewachsenen Berggehänge, die wohlbebauten Ebenen der Gegenwart so schöne Bilder der Ruhe und des Friedens, daß wir Weltzustände, so verschieden von der heutigen Ordnung der Dinge, kaum ahnen,

daß wir die Zeiten des Kampfes der Elemente, welche
einst die Wohnstätte des Menschen bereiteten, fast in
Zweifel stellen möchten.

Wie aus den verschütteten Ruinen von Hercu-
lanum und Pompeji der Zustand des römischen Alter-
thums erforscht wird, eben so sicher enthüllt sich aus
den vergrabenen Denksteinen der Erdgeschichte der Gang,
welchen die Natur bei ihren großen Bauten nahm.
Den Reiz des Wunderbaren, welchen die Sage und
die dichterische Phantasie den Steinen verleiht, indem
sie Teufel und Geister, Könige und Prinzessinnen für
sie zaubert, mögen sie zwar verlieren; aber eine neue
und höhere Bedeutung gewinnen sie in der Wirklichkeit der Geschichte, welche sie uns aufschließen.

Zweites Kapitel.

Eine Rheinfahrt.

Die genußreichen Tage der Wiesbadener Natur-
forscherversammlung waren vorüber, und ein Dampfboot
trug mich auf den Fluthen des Rheines dahin, an
seinen malerischen Ufern vorüber durch den lieblichen
Rheingau mit seinem grünen Bergkranze, seinen freundlichen Landhäusern und lachenden Weinbergen. Es
führte mich weiter durch die schroffen Felsmauern, mit
denen rechts der Taunus, der Westerwald und das

Siebengebirge, links der Hundsrück und die Eifel, plötzlich den stolzen Fluß einengen, bald mit überhängenden Klippen die sich an ihren Fuß schmiegenden Städte und Dörfer bedrohend, bald mit Wald und Weinreben geschmückt, und mit Burgen und Klosterruinen gekrönt, die wie riesige Vogelnester auf ihren Vorsprüngen und in ihren Spalten hängen. Es trug mich endlich zu jenen weiten Ebenen, durch welche der Strom seine Fluthen dem Meere entgegenrollt, und aus denen statt grüner Berge und drohender Felsen menschliche Bauwerke, riesige Dome sich erheben. Meine Gedanken eilten über die Fluthen dahin weit über die Grenzen des Blickes hinaus. Sie schweiften hinauf zu den schneeigen Berghäuptern der Schweiz, aus denen der jugendliche Strom hervorbricht, hinab zu dem grünen Spiegel der Nordsee, die den müden Greis aufnimmt. Sie schweiften von der Wiege zum Grabe. Hätte ich dichten wollen, hier hätte sich mir ein Gegenstand geboten, das Menschenleben, wie es sich in der Natur spiegelt! Kaum dem geheimnißvollen Mutterschooße entflohen, rieselt die Quelle im muntern Spiele von Klippe zu Klippe, die verwandten Gefährten zu suchen. Mit ihnen vereinigt stürzt der rauschende Wildbach in kühnen Kaskaden über den rauhen Fels, den Boden durchwühlend, das lose Erdreich von seinen Ufern reißend. Immer mächtiger schwillt er an, immer breiter dehnt er sich aus; der Fluß verläßt die Berge, die ihn geboren, bespült ihren Fuß, über schwemmt ihre Thäler. Die weite Ebene nimmt den Strom auf, den ernsten, besonnenen Greis, der in majestätischer Würde dem Meere zuschleicht, dem Grabe seiner Mühen, dem Schooße seiner Verjüngung. Seinem Laufe folgt die zarte Pflanzenwelt: Blumen küssen die Wellen des Baches, Bäume neigen sich über den Rand des Flusses, und Gräser schmücken noch die Pfade des stillen Stromes im Thale. Gleicht nicht der Strom dem Bilde des Mannes, der wild durch das Leben hinstürmt, in der Jugend zertrümmernd, aber die Trümmer mit sich reißend und im Alter zu herrlichen Schöpfungen, zu einem Erbe für die Enkel aufbauend? Gleicht nicht die Blume an seinem Ufer dem Weibe, dessen Liebe das Leben des Mannes schmückt, seine Zerstörungen überkleidet, seine Schöpfungen belebt?

Doch die Eindrücke waren zu mächtig für ein Spiel der Phantasie. An den Ufern des Rheines rauschte eine ganze Geschichte an mir vorüber. Hier kämpften einst die römischen Legionen mit den Deutschen um die Herrschaft der Zukunft. Hier schlugen Caesar und Drusus ihre Schlachten, erhob Claudius Civilis die Fahne des Aufruhrs gegen die römische Despotie. Hierher flüchteten die Kaiser der letzten Jahrhunderte, die letzten Strahlen des römischen Glanzes erlöschen zu sehen. Hier erkämpfte der Sieg des Konstantin über seinen Gegenkaiser dem Christenthume den Sieg über das heidnische Alterthum. Noch zeugen die Trüm-

mer römischer Heerstraßen, Wasserleitungen, Paläste,
Thore von der gewaltigen Größe dieses Volkes; noch
erzählen die aufgegrabenen Mauerreste einer römischen
Villa oder eines Bades, daß hier neben den Kämpfen
auch der Friede und das Glück und Wohlleben des
Friedens wohnten. Die römische Kultur unterlag den
einbrechenden Barbaren. Vandalen, Hunnen, Franken
und Normannen übten hier nach einander ihre Zer-
störungswuth. Die Merovingischen Könige bauten hier
ihre Pfalzen, Karl der Große jagte in diesen Wäldern. Mit Klöstern und Burgen bedeckte das Mittelalter die Ufer des Rheines, und romantischer Sagen-
duft weht aus ihren Trümmern zu uns herüber. Die
hohen Zinnen stehen zum Theil noch, von denen der
Ritter einst ausspähte nach den Schiffen und Wagen-
zügen des Kaufmanns, um sie zu plündern oder seine
Zölle zu erpressen. Die düstern Zellen stehen noch,
in denen der Mönch sein thatloses Leben verträumte
oder in heimlichen Genüssen schwelgte. Aber das Leben ist aus den Mauern geschwunden; nur wie ein
Hauch aus einer Mährchenwelt schweben ihre Schatten
über den grünen Bergen, an den wilden Felswänden.
Wie ein Traum durchzieht der Geist jener Klöster und
Burgen die Seelen der Rheinländer, düster im Aber-
glauben und der Bigotterie der einen, freundlich in
der Herzlichkeit, Heiterkeit und Thatkraft der andern.
Die einstigen Stätten dieses Geistes sind Ruinen,
und aus ihren Trümmern wurden neue herrliche Bau-

ten, Schlösser und Kirchen aufgeführt, geschmückt mit
dem Luxus der Gegenwart. Waren nicht vielleicht die
Steine, aus denen die Alten ihre Burgen aufführten,
einst auch Trümmer älterer Bauten, ruhte nicht vielleicht mancher Quader aus dem Altare eines heidnischen
Tempels unter dem christlichen Altare eines mittelalterlichen Klosters? Mußten nicht vielleicht noch ältere
Bauten zerfallen, um Bausteine den Römern zu liefern? Wohl möglich! Eine Kultur erhebt sich über
den Trümmern der andern, ein Volk ersteht aus dem
Grabe des andern; wie in der Vorzeit der Erde jede
Schicht sich aus dem Staube einer zertrümmerten auf-
baute und jede Schöpfung über den Leichen der ver-
nichteten wandelte.

Chroniken und Urkunden führt ein Wandrer,
wie ich, nicht bei sich. Aber ich brauchte nur den
Stein anzusehen, den ich von der Burgruine losbrach;
er war das Bruchstück eines größeren Baues, den
Menschenhände nicht aufführten und Menschenhände
nicht zerstörten, jenes gewaltigen Felsenbaues, dessen
zackige Trümmer jetzt die Ufer des Rheines schmücken.
Denn so waren diese Ufer nicht immer, so braußten
nicht immer die Wogen durch diese engen Pforten.
Ein gewaltiger Felsendamm verschloß einst diesem Strome
den Weg zum Hafen der Ruhe, der Druck der Gewässer durchbrach ihn, die Fluthen unterwühlten die
geneigten Schieferschichten, und ein Block nach dem
andern sank zertrümmert hinab, um in Schlamm auf-

gelöst ein neues Land, die gesegneten Niederlande in dem Busen des Meeres aufzubauen. Noch drohen die überhängenden, scheinbar kaum noch unterstützten Schieferplatten täglich mit neuem Sturze. Menschenhand half dem Zerstörungswerke der Naturkraft nach. Anfangs mit Meißel und Brechstange, dann mit Schießpulver erweiterte man den Durchbruch, schuf Raum für Städte und Dörfer und Straßen und Eisenbahnen am schroffen Ufer. Noch zeigen Felsklippen mitten im Strome von Bingen bis St. Goar, daß hier einst gewaltige Dämme sich quer durch die Fluthen zogen, gefährlicher noch dem Schiffer als die Ketten, welche die Sage von Raubrittern mitten über den Rhein gezogen werden läßt. Die Kraft des Pulvers hat auch sie zerstört und den Rhein befreit wie von Räubern so auch von Klippen.

Ehe der Alterthumsforscher die verfallenen Gemäuer eines mittelalterlichen Schlosses verläßt, wendet sein Blick sich unwiderstehlich zu den staubigen Archiven, die Geschichte seines Glanzes zu lesen. So ging es mir auf den Fluthen des Rheines, als mir der Gedanke aufgestiegen war, daß auch er seine Geschichte habe. Ein dunkles Waldthal zur Linken, am Strande der Eifel dort, wo der Brohlbach die beengenden Berge verläßt, um sich eilends in die Arme des Rheines zu stürzen, lockte mich, als müsse es mich zu geheimen Archiven des Rheines führen. Es ist einer jener vielen engen, mit Wald bekleideten Thaleinschnitte, welche die reich bebaute Hochebene, die sich in einer Höhe von 6 — 700 Fuß über dem Rheine zwischen Andernach und Rheineck erhebt, durchfurchen. Tausende von Reisenden trägt das eilende Dampfboot an diesem Thale vorbei, ohne daß sie ahnten, welche Schätze sein Dunkel verschließt. Tausende bewundern seine Schönheiten, wenn sie zwischen seinen steilen Felsabhängen eingetreten, seinen Krümmungen folgen, lassen gern den Blick ruhen auf den üppigen Aeckern und grünen Wiesen am Bache oder den freundlichen Weinbergen, die hoch oben die Abhänge umkränzen. Sie sehen sich wohl überrascht von den seltsamen Gestalten hoher, gelblichgrüner, laubumrankter Steinpfeiler und den abenteuerlich geformten steilen Felswänden, deren Gipfel bald niedriges Gestrüpp, bald hohe Kiefern tragen. Fast möchten sie meinen, vor einer von Meereswogen zerfressenen Felsenküste zu stehen. Aber das einförmige, dumpfe Stampfen der Pochwerke erzählt ihnen, daß nicht Naturkräfte diese Klüfte schufen, daß Menschenhände diese Steine ausbeuteten, um sie von den Hämmern der Mühlen zu Pulver zermalmen zu lassen. Der bereitwillige Arbeiter erzählt ihnen, wenn sie es nicht bereits aus Handbüchern wissen, daß dieses Pulver Traß genannt und nach Holland geführt wird, um dort mit Kalk gemengt für Wasserbauten einen unter Wasser erhärtenden Mörtel zu geben. Weiterhin zeigen sich dichtere Steine, die Brüche wer-

den großartiger, phantaſtiſcher, mächtige Thore und
Tunnel führen in wahre Felſenkeſſel. Hier wird der
Tuffſtein gebrochen, der ſchon vor zwei Jahrtauſenden
den Römern ein willkommnes Material für ihre Bau=
denkmäler am Rheine lieferte. Halbfertige Altäre und
Votivſteine, die man hier findet, zeigen, daß hier
einſt eine römiſche Fabrik ſolcher Arbeiten für einen
großen Theil des Reiches beſtand. Das Mittelalter
baute aus dieſen Steinen ſeine meiſten Kirchen und
Burgen, viele Häuſer in Köln wurden daraus aufge=
führt, und für die prachtvolle Apollinariskirche zu
Remagen entlehnte man noch heute das Material die=
ſen Brüchen. Weiter hinauf im Thale, dort, wo das
romantiſche, an Sauerbrunnen reiche Tönniſteiner Thal
in das Brohlthal mündet, liegt die ſogenannte Dom=
kaul, aus der die für das Innere des Kölner Domes
verwandten Tuffſteine genommen wurden, die aber einſt
zuſammenſtürzte, weil man ſie unterirdiſch ausbeutete.
Großartiger noch ſind die weiter aufwärts gelegenen
Steinbrüche von Niedermendig. Dort ſind noch die
verſchütteten Pingen, wo die Römer einſt ihre Steine
brachen, und ſchmale Treppenwindungen von mehr als
100 Stufen führen hinab in gewaltige Felſengewölbe,
wo man heute zu Mühlſteinen und Fenſtereinfaſſungen
große Steinblöcke mit eiſernen Keilen trennt und durch
ſenkrechte runde Schachte mittelſt von Pferden getrie=
bener Göpel zu Tage fördert. Selbſt der verlaſſenen
Brüche, von denen das ganze Dorf Niedermendig unter=

minirt iſt, hat die Induſtrie ſich bemächtigt, indem ſie ſie in Bierkeller verwandelte.

Was aber gab dieſen Steinen ihre beſondere Bedeutung, daß man die Niedermendiger Mühlſteine fernhin durch ganz Europa, ja bis Amerika ausführt? Sind ſie etwas andres als jene Sandſteine, Kalkſteine oder Granite, die ich anderwärts zu Bauſteinen ausbeuten ſah? Schon am Eingange des Brohlthales, deſſen Felſenwände die mir und jedem Reiſenden längſt bekannten Geſteine des Thonſchiefers und der Grauwacke zeigten, fand ich am Wege zahlloſe leichte, poröſe Maſſen, die mir ſchon von früherher unter dem Namen von Bimsſteinen vertraut waren. Daneben lagen feſtere dunkle Steine, welche eine Menge von kleinen grünlichen oder ſchwärzlichen Kryſtallen umſchloſſen, wie ich ſie nur in Baſalten und Laven geſehen hatte. Aber Bimsſteine und Laven ſind doch Produkte vulkaniſchen Feuers! Die einen entfloſſen einſt in glühenden Strömen den vulkaniſchen Heerden, die andern bildeten die erſtarrte ſchaumige Schlackenhülle dieſer Ströme, deren geborſtene Stücke von vulkaniſcher Gewalt emporgeſchleudert wurden! In der That, ich habe hier vulkaniſche Produkte vor mir, wie ſie Veſuv und Aetna nicht anders liefern könnten. Selbſt der Tuffſtein iſt nichts andres als ein erſtarrter Schlamm mit Waſſer gemiſchter Aſche, welcher Bimsſteine und andere Bruchſtücke umſchließt. Wollte ich noch zweifeln, ſo würden mich die umhergeſtreuten bla-

ſigen, bald roth, bald ſchwarz gebrannten Schlacken,
die ausgeglühten, faſt backſteinartigen Schieferſtücke, die
runden, offenbar von geſchmolzener Lava gebildeten
Bomben überzeugen, die wie feurige Tropfen oder
Thränen einſt durch furchtbare Wurfkraft über die ganze
Gegend geſchleudert wurden. So ſtände ich alſo wirklich in dem Bereiche eines Vulkanes, eines deutſchen
Vulkanes, der einſt in der Geſchichte des Rheines
ſeine Rolle geſpielt hat und mir Zeiten zurückruft, die
den heutigen ſo fremd, ſo abenteuerlich, ſo reich an
Ereigniſſen und Wundern waren, wie ſie dem Freunde
des romantiſchen Ritterthums nicht die Burgruinen
und ihre Archive vor die phantaſiereiche Seele zu zau-
bern vermögen. Ja, Tauſende wandeln über dieſen
Boden, bewundern dieſe Schönheiten; aber Keiner fragt
nach ihrer Vergangenheit, Keiner kümmert ſich um die
Kräfte, welche ſie ſchufen, um das Leben, von dem
ſie erzählen!

Unter unſcheinbarer Hülle bergen ſich oft die
Schönheiten der Natur ebenſo, wie die des Geiſtes.
Wie aus dem häßlichſten Kopfe oft die ſchönſten und
hinreißendſten Gedanken fließen, und unter den kälte-
ſten Zügen das Feuer der Leidenſchaft oft am heißeſten
glüht; ſo verdeckt auch die Natur ihre edelſten Schätze
mit dunklen Schlacken. Das dürre gebrechliche Holz
jener Weinreben erzeugt die ſchönſte und ſaftigſte aller
Früchte, und jene finſter drohenden Wälder verſchleiern
die lieblichſten Landſchaftsſcenen. Es liegt ein eigen-

thümlicher Reiz darin, die harte Schale zu durchbrechen, um zum süßen Kern zu gelangen.

Mit solchen Gedanken stieg ich aus dem herrlichen Brohlthal hinauf zur Hochebene von Waſſenach
und Kall, die mir die Räthſel des Thales löſen ſollte.
Geſpannter könnte nicht die Erwartung des Reiſenden
ſein, deſſen Fuß zum erſten Male die Aſchengräber
Pompeji's betritt, oder über Lavablöcke hinſchreitend
dem Kraterrande des Veſuv ſich nähert. Vor meinem
Geiſte entfaltete ſich das ganze furchtbar-prächtige
Schauſpiel eines vulkaniſchen Ausbruchs. Mir war
es, als zittere der Boden unter meinen Füßen, als
erhebe ſich dort aus jenem kegelförmigen Hügel eine
Dampfſäule, als müſſe ich dort von ſeinem Gipfel
in einen Kraterſchlund ſchauen, erfüllt von blaſenför-
mig aufgetriebner glühender Lava. Faſt meinte ich,
die Tauſende niederfallender Tropfen und gewaltiger
Schlackenſtücke auf dem Boden klingen und praſſeln zu
hören, wenn ein plötzlicher Stoß der inneren Dämpfe
die Lavaſäule durchbräche und ihre zerſtiebenden Trümmer hoch in die Lüfte ſchleuderte. Dann wieder war
es mir, als ſähe ich dort, wo der Kraterrand ſich
öffnet, einen Lavaſtrom hervorquellen und ſich verheerend in das Thal niederwälzen. Die dunkeln Wolken
über mir, meinte ich, ſeien Aſchenwolken, die ihren
erſtickenden Inhalt über die weite Gegend ausſchütten,
oder mit gewaltigen Platzregen verbundene Schlamm-
fluthen ergießen würden, wie ſie einſt die römiſchen Städte

am Fuße des Vesuv begruben. Mir däuchte sogar,
ein Kraterkegel erhebe sich vor meinen Blicken aus den
niederstürzenden Schlackentrümmern, um plötzlich wieder, wie durch einen Zauberschlag, donnernd in der
Tiefe zu versinken und mir den gähnenden Schlund
seines Trichters zu zeigen.

Das alles zauberte die Phantasie vor meine
Seele, und doch war es mehr als ein Traum! Nur
die Schranken der Zeit waren durchbrochen, frühere
Jahrtausende in die Gegenwart versetzt; der Schauplatz war derselbe, auf dem ich stand, das Ufer des
Rheins, nicht der Golf von Neapel. Auf dem Aschen-
boden war ich gewandelt, die Lavaströme hatte ich
überschritten, die Schlackenstücken und Bimssteine trug
ich noch in der Hand. Jetzt erhoben sich auch die
Kraterkegel vor meinen Blicken. Es waren die Kunksköpfe, zwischen denen mein Weg mich hindurchführte,
wie vor und vielleicht nach mir Tausende von Wand-
rern, die in der Natur so wenig wie im Leben die
Schätze ahnten, von denen sie umgeben waren. Ich
stand in einem Krater der Vorzeit, dem Kunksboden,
einer fast vierecktgen, äußerst fruchtbaren Ebene von
etwa 1000 Schritt ins Geviert. Im Halbkreis um-
zog ihn ein Erdwall, dessen oberer, dicht bewaldeter
Rand in zwei Spitzen endete, denen man den Namen
der Kunksköpfe gab. Noch lagen um seinen Fuß ungeheure Lavablöcke, die mich mit den rothgebrannten
Glimmerstücken an die einst hier tobende Feuergewalt

erinnerten. Ich richtete das Auge in die Ferne. Weithin erhoben sich ähnliche Kuppen und Kegel, offenbar
gleichen Ursprungs, rechts der Steinkopf, der Herchen-
berg, der Bausenberg, der Perlkopf und der mit dem
Schlosse Olbrück gekrönte Kegel; links der Nastberg,
der Roteberg und der Krufterofen. Dicht vor mir erhob sich der hohe Veitskopf, und hinter ihm ragten
noch höher empor der Forstberg, der Gänsehals und
der Hochsümmer, wohin die Sage das Schloß der
schönen Genoveva versetzt. Keiner dieser Berge, deren
diese Gegend der Eifel mehr als 20 zählt, erhebt sich
viel über 1800 Fuß über den Spiegel der Nordsee
und mehr als 400 Fuß über die Hochebene. Sie sind
offenbar nur die Ausbruchskegel an dem Rande eines
größeren vulkanischen Kraters, aufgeschüttet aus den
ausgeworfenen Trümmern blasiger Lava und rothge-
brannter Thonschieferstücke, gleich den zahllosen Kegeln,
die in beständigem Wechsel dem Kraterschlunde des
Aetna entstiegen. Aus vielen ihrer Krater ergossen
sich Lavaströme, deren Spuren man noch heute von
den durchbrochenen Ringwällen bis weit in die Thäler
verfolgen kann. Vom Bausenberg zieht sich ein Lava-
strom über eine Stunde weit und oft in der Breite
von ⅛ Stunde bis in das Thal des Vinxterbaches
bei Gönnersdorf, wo mächtige Felsenmassen in steilen
Abstürzen und säulenförmigen Zerklüftungen sein Ende
bezeichnen. Einzelne Lavaströme, wie die des Gerol-
steines und des Mosenberges in der Vordereifel, zeigen

stellenweis noch die nackte Oberfläche der höckrig ge-
flossenen Lava, als sei sie kaum erkaltet.

Aber alle diese Zeugen einer vulkanischen Vorzeit
waren für mich doch nur Wegweiser zu dem eigentlichen
Heerde der unterirdischen Gewalten. Vor mir erhob
sich ein hochbewaldeter Bergrücken, der wie ein geheimnißvoller Vorhang meinen Blick verschloß. Die Sonne
war längst gesunken, als ich seine Höhe überstiegen
hatte. Nächtliches Dunkel herrschte unter den hohen
Bäumen, und das Geschrei der Eulen war der einzige Laut in dieser düsteren Einöde. Da schimmerte
es zwischen den Stämmen hindurch wie das Blinken
eines stillen Wasserspiegels, und unter mir lag, vom
aufgehenden Vollmond beleuchtet, der Laacher-See.
Sein Anblick war überraschend, bewältigend. Ich stand
am Rande eines ziemlich steil abfallenden Kessels und
übersah auf seinem Boden ein Wasserbecken von fast
regelmäßiger Rundung. Rings umzogen den See wal-
dige Höhen, die sich bald bis an seinen Rand hinab-
senkten, bald vor einem schmalen Saume öden Ufer-
sandes und Bimssteingerölles oder kleiner Kartoffel-
äcker zurückwichen. Die einzige Stätte menschlicher
Thätigkeit an diesen Ufern, die Laacher-Abtei mit
ihren vielen Thürmen, lag tief versteckt in der friedlichen Waldeinsamkeit. So vollständig, so unerwartet
war diese Abgeschiedenheit, so tief diese Stille und so
andachtsvoll, daß ich mich fast wandelnd glaubte an
den Ufern jener infernalischen Seen, von denen die

Mythen der Alten erzählen. In der That begriff ich
jetzt erst die Phantasie der römischen Dichter; denn
auch dort waren es schlummernde vulkanische Heerde,
versunkene Kraterkessel, in welche sie die Pforten des
Orkus verlegten.

Ein großer Kratersee war es, an dessen Ufern
ich mich befand, 864 Fuß hoch über der Nordsee und
705 Fuß über dem Niveau des Rheines bei Andernach.
Mehr als 1000 Morgen bedeckt die Fläche des Laacher
See's, mehr als 200 Fuß mißt seine Tiefe. Wenige
Bäche rieseln von den Bergen herab, ihn zu speisen;
aber tausend Quellen auf seinem Boden verrathen sich
durch die aufsteigenden Gasbläschen. Nirgends ist seinen Gewässern ein Abfluß gestattet, und wenn seine
Quellen reichlicher flossen und mächtiger die atmosphärischen Wasser von den Bergen niederströmten, trat er
oft überschwemmend bis über den Boden der Kirche
hinauf, der noch vor wenigen Jahren fußhoch mit
Schlamm bedeckt ward. Schon vor Jahrhunderten leg-
ten die Mönche der Benedictinerabtei einen unterirdischen
Kanal an, um den Wasserüberfluß eine Viertelstunde
weit zur Nette abzuleiten, und noch vor Kurzem wurde
zu gleichem Zwecke ein tiefer Stollen getrieben, dessen
Wasser, wo sie zu Tage treten, eine Mühle treiben.
Noch ist der See nicht zum Stande des Stollenmund-
lochs gesunken, weil mit dem verminderten Wasserdruck
vielleicht die Ergiebigkeit der Quellen gewachsen ist.
Die Wände des Kanals lassen mehrere durchschnittene

torfartige Lager, wechselnd mit einige Fuß mächtigen Schichten von Schneckengehäusen, erblicken. Wie viele Jahrtausende mögen erforderlich gewesen sein, um diese vielen Schnecken zu erzeugen und zu vernichten, die doch durchaus mit den noch heut den See bewohnenden Arten übereinstimmen, zum deutlichen Beweis für das hohe Alter des See's in seinem jetzigen Bestande!

Ich wandelte an den Ufern des See's hin. Ueberall Spuren seiner Geschichte, seiner stürmischen Geburt! Hier fand ich in einer Grube die Gerippe kleiner Vögel, die durch ausströmende Kohlensäure getödtet worden waren; es war eine Mofette, wie sich deren in den Umgebungen des Vesuv nach jedem Ausbruche bilden. Dort traten noch die Grauwacke- und Thonschieferfelsen hervor, welche die unterirdische Gewalt einst durchbrach. Koloffale Basaltblöcke schauten hier drohend durch das herbstliche Laub auf den Wandrer nieder. Alle Abhänge sind bedeckt mit Bimsteinschlacken und Asche, die einst mit jenen Blöcken hier emporgeschleudert wurden. Nur Lavaströme, die dem Krater entflossen, erblickt man nicht. Es war nur die furchtbare Gewalt der im Innern der Erde gespannten Dämpfe, welche die felsige Erdrinde in der ungeheuren Ausdehnung des See's emporhob, daß sie, aus ihrem Zusammenhange gerissen, nach dem Entweichen der Dämpfe und Aschen wieder in sich zusammenbrach, um den tiefen Kessel des See's mit seinen Spalten und

Klüften zu bilden, in welche die Quellwasser sich senken konnten. Nur auf dem Walle dieses Erhebungs=kraters bildeten sich wirkliche Vulkane, aus denen Lava=ströme hervorbrachen. Der höchste und bedeutendste derselben, der einen majestätischen Felsenvorsprung bis an das Ufer des See's sendet, ist der Krufterofen mit seinem imposanten, 4000 Fuß langen Kraterkessel, der sich nach außen durch eine schmale Schlucht öffnet und im Innern von Bimssteinen überschüttet einen Teich umschließt, dessen Spiegel noch 92 Fuß unter dem des Laacher See's liegt. Die Basaltlava, welche diesem Vulkan entquoll, lagert hier 50 Fuß unter der Erd=oberfläche als 40 Fuß mächtige Schicht auf dem Töpfer=thon der Braunkohlenformation, welcher das durch=brochene Grauwackengestein bedeckt. Während die unter=sten Lager der Lava fast ganz das dichte Ansehen des Basaltes haben, sind die oberen poröser und oft in kolossale viereckige Säulen gespalten. Ueber ihr ruht eine Schicht lose auf einander gehäufter Bimsstein=stücke, abwechselnd mit Lagen einer lehm= und traß=artigen, zum Theil von Dammerde bedeckten Masse, in welcher man Reste vorweltlicher Thiere, Hirschgeweihe und Pferdezähne findet. Hohle, baumartig verzweigte und mit staubartiger Asche erfüllte Räume, die offen=bar einer zerstörten Vegetation ihren Ursprung ver=danken, durchziehen diese Schichten. Während in dem heißen Schlamme, welcher die Tuffsteine des Brohl=thales bildete, die Bäume nur verkohlen konnten, wie uns ihre Ueberreste noch zeigen, verbrannten sie hier in diesen lockeren, trocknen Bimssteinschichten allmälig vollständig zu Asche. Jetzt wuchert eine neue Vegetation über dem Grabe der Vorzeit, um, wenn auch nicht von Neuem unter vulkanischer Asche verschüttet zu werden, doch ebenso vergänglich sich in Torflager oder Dammerde zu verwandeln.

Wann die Vulkane der Eifel ihr zerstörend Spiel trieben, wann ihre Feuer brannten, ihre Gluthenströme flossen und ihre Aschen- und Steinregen niedersanken, wer vermöchte das zu erzählen? Nur der Boden selbst vermag seine Geschichte anzudeuten. Wenn man auf der vulkanischen Hochebne dem Rheine zuschreitet, begegnet man noch in einer Höhe von 600 Fuß über dem Rheine zahlreichem Flußgerölle, zum Theil noch mit Lavaschlacken vermischt; und ehe der Thonschiefer der rheinischen Uferberge wieder hervortritt, erscheint ein zweiter Zeuge der Wirksamkeit des Wassers, die Lehm- und Thonablagerung des Löß. Sollten die Wasser des Rheins diese Höhen einst überfluthet, seine Wellen den Fuß dieser Vulkane, vielleicht selbst ihre Krater bespült haben, dann muß es zu einer Zeit geschehen sein, welche der gegenwärtigen Schöpfung und dem Auftreten des Menschengeschlechts unmittelbar voranging, in einer Periode, welche der Geologe als die des Diluviums bezeichnet.

Vor vielen, vielleicht vielen hundert Jahrtausenden hatten sich aus dem großen Meere, welches den

deutschen Boden bedeckte, in mächtigen Schichten die
Grauwacken- und Thonschiefergesteine abgesetzt. Von
unten durchdringende Massen hatten den neuen Meeresboden gehoben und eine Inselwelt gebildet, die durch
immer neue Ablagerungen vergrößert, immer von neuem
emporgehoben, den Kern für die heutige Gestaltung
Deutschlands abgab. Mit neu aufsteigenden Gebirgen,
neu sich ablagernden Erdschichten waren neue Pflanzen-
und Thierschöpfungen gekommen. Palmen und Farrn
waren Eichen und Nadelhölzern, riesige Eidechsen Elephanten und Rhinoceroffen gewichen. Aber im Innern
brauste und kochte es fort, und wenn auch nicht mehr
der ganze Erdball in seinen Fugen erzitterte, wenn
auch nicht mehr ganze Berge dem Erdenschooße ent-
quollen, an den einzelnen Punkten der Oberfläche
wirkte der zurückgehaltene innere Drang desto mächtiger. Er krümmte und brach die mächtigen Erdschichten und hob sie zu hohen Gebirgen empor, welche
Flußthäler schieden und Landseen einschloffen. Wo das
Feuer des Innern einen Ausweg fand, da quollen die
zähflüssigen Basalte aus vielen einzelnen Schloten und
Spalten hervor, jene kegelförmigen Kuppen bildend,
welche noch heute in großartiger Weise die Einförmig-
keit der chemischen Thonschieferplateaus unterbrechen.

Nur die norddeutsche Ebne hatte sich noch nicht
aus dem Meere erhoben, und noch brandeten die Wo=
gen des großen Nordmeeres an den Vorbergen der
mitteldeutschen Hügelkette. Der Rheingau war ein

weiter Binnensee, gleich den großen Seen Nordamerikas,
deffen Waffer der Rhein durch einen engen Felsenspalt
unterhalb des Siebengebirges bei Bonn in einen weiten Busen des Meeres führte. Seine Ufer waren von
Elephanten, Tapiren, Pferden und Hirschen bewohnt,
und in den dichten Wäldern der Eifel haußten Bären,
Löwen und Hyänen. Das war die Zeit, in welcher
auf die Fluthen des Rheins die Flammensäulen der
Eifelvulkane niederleuchteten. Zum ersten Male trat
die Gluthmaffe des Innern flüffig aus den Kratern
der Erde hervor, von Dämpfen gehoben, blafig auf-
getrieben und in die Lüfte zerstiebt. Nie zuvor waren
auf Erden Lavaströme gefloffen, nie zuvor Aschen und
Schlacken geschleudert worden. Vielleicht war es jene
letzte gewaltige Kraftanstrengung bei Hebung der mächtigen Alpenkette, welche gleichzeitig den Riß erweiterte,
durch welchen der Binnensee des Rheingau fich seine
Bahn brach, und der feurigen Thätigkeit der rheinischen
Vulkane ein Ziel setzte. Nur durch die Aushauchungen
von Kohlensäure, deren Menge allein in den Umgebungen des Laacher See's täglich 5 Mill. Kubikfuß
erreicht, verräth fich noch ihr früheres Leben!

Also nicht immer waren die Ufer des Rheines
wie heut! Mächtige Erderschütterungen mußten diese
Berge erst heben, die Römer mußten den Weinstock
auf fie verpflanzen, die Ritter des Mittelalters ihre
Burgen darauf bauen, damit fie den Rhein zum stol-
zesten Fluffe Europas machten! Konnte er schön sein,

ehe er so war? War die Natur überhaupt schön, ehe
Menschen sie durchwandelten und ihre Gedanken hinein=
trugen? Seltsame Frage! Als ob ein Gemälde nicht
schön sei, weil ein Sonderling es vor den Blicken des
Kenners verschließt, als ob schön überhaupt nur sei,
was der Mensch schön nennt! Was uns noch heut
zur Bewunderung der Schönheit hinreißt, das ist die
innere Einheit, die Harmonie des Ganzen, das ist
der Ausdruck der ewigen Vernunft durch die Form.
Diese Harmonie aber liegt draußen, nicht in uns;
nur empfunden feiert sie in uns noch ihre Wieder=
geburt. Harmonie aber lag in der Natur, ehe des
Menschen Fuß sie betrat; zu allen Zeiten war sie das
schöne Bild des sich fort und fort gesetzlich entwickeln=
den Erdenlebens. Die brennenden Vulkane, die fin=
stern Wälder mit ihren kolossalen und wilden Bewoh=
nern, sie gaben den vorweltlichen Ufern des Rheines
andre Landschaften, und wieder andre wird die späte
Nachwelt sehen; aber die Urbedingung alles Schönen,
die Harmonie, fehlte nie und wird nie schwinden, so
lange der Mensch sie nicht muthwillig selbst vernichtet.
Neues Leben baut sich aus Trümmern auf, aber der
Erinnerung erschließen sich aus Trümmern die Blüthen
der Vergangenheit!

Drittes Kapitel.

Bilder aus dem schlesischen Riesengebirge.

Liebe zur freien Natur, Empfänglichkeit für die Reize landschaftlicher Schönheit, poetisches Versenken in die Erscheinungen des Naturlebens, das sind Züge, die so innig mit dem Wesen des Deutschen verwebt sind, daß es vergeblich wäre, ihrem Ursprunge nachzuforschen. Mag man ihn in seinem mehr der Gefühls- und Glaubenswelt, als der That und dem berechnenden Verstande angehörenden sinnigen Ernste, mag man ihn in seiner oft bespöttelten Hineigung zum Sentimentalen oder in seiner von Uralters her in Lied und Sang sich kund gebenden poetischen Anlage suchen; so viel steht fest, daß die Natur seiner Heimath selbst einen wesentlichen Antheil daran hat. Kein Volk hat neben seinem Naturgefühl ein so inniges Heimathsgefühl, als das deutsche, und für seinen Charakter wird man kaum ein besseres Symbol zu finden vermögen, als man ihm längst gegeben hat, die deutsche Eiche. In der Eiche und in den Bäumen überhaupt, sagt einer der deutschesten Männer, Wilhelm v. Humboldt, liegt ein unglaublicher Charakter der Sehnsucht, wenn sie so fest und beschränkt im Boden stehen und sich

mit den Wipfeln, so weit sie können, über die Grenzen der Wurzeln hinaus bewegen. Im Grunde geht
es dem Menschen, fährt er fort — und ich setze hinzu
— vorzugsweise dem deutschen Menschen, mit aller
scheinbaren Beweglichkeit nicht anders. Er ist, wie
weit er herumschweifen möge, doch auch an eine
Spanne des Raumes gefesselt. Bisweilen kann er sie
gar nicht verlassen, derselbe kleine Fleck sieht seine
Wiege und sein Grab; oder er entfernt sich, aber es
zieht ihn Neigung oder Bedürfniß immer wieder zurück; oder er bleibt auch fortwährend entfernt, und
seine Gedanken und Wünsche sind doch dem ursprünglichen Wohnsitz zugewendet.

An den Grenzen unseres Vaterlandes locken so
zauberisch die stolzen Alpengebirge, winkt das Meer
mit seinen unergründlichen Schätzen ewig wechselnder
Reize. Tausende führt das schnaubende Dampfroß alljährlich aus dem Herzen Deutschlands, aus seinen
entlegensten Winkeln zu den einen und zu dem andern;
Tausende ziehen über die Alpen hinaus in Italiens
milde Fluren, Hunderte trägt das Meer bereits alljährlich zu fernen Küsten und Inseln, an die Gestade
des Nil und den Fuß des Atlas, zu den Azoren oder
zu den großartigen, ernsten scandinavischen Alpen.
Aber so Viele auch immer dieser echt deutsche Drang
nach Naturgenuß, begünstigt durch den erleichterten
Verkehr, nach außen entführen mag, mächtiger doch
noch treibt er nach innen, dem Herzen des Vaterlan-

des, seinen lieblichen Hügel- und Gebirgslandschaften zu. Mag man es Mode nennen, was den Andrang zu so manchem dieser Gebirgsländchen bereits in einem Maaße gesteigert hat, daß die Ursprünglichkeit und Reinheit der Natur dadurch verwischt ist, daß man kaum eine Landschaft noch darin finden kann, die nicht den Stempel der Spekulation und großstädtischer Genußsucht an sich trüge. Doch birgt sich ein tieferer Sinn in dieser Mode, als in dem Treiben englischer oder französischer Touristen, die alljährlich den Rhein und die Schweiz überfluthen. Nicht die Flucht vor der Alltäglichkeit, nicht der Ueberdruß des Geschäftslebens und des häuslichen und geselligen Luxus allein ist es, der den Deutschen treibt, sondern unbewußt auch die Sehnsucht nach wahrhaft freier Natur, nach dieser Wiege deutschen Geistes, aus der er einst seinen Ursprung nahm und noch immer seine Kraft und seine Anregungen schöpft.

So reich ist Deutschland an diesen heiligen Stätten eines geistigen Naturcultus, daß noch zu manchen von ihnen trotz der Eisenadern des Verkehrs, die seinen Boden nach allen Richtungen durchziehen, der Strom der Touristen kaum den Weg gefunden hat. Nur die Nachbarn kennen die ganze Fülle ihrer Reize. Wie wenige sind es doch im Westen oder Süden unseres Vaterlandes, die je ihren Fuß auf das stolzeste der mitteldeutschen Gebirge, auf den Gipfel des norddeutschen Montblanc, wie man die Schneekoppe sonst

wohl nannte, gesetzt, die einen Blick geworfen hätten
in die finstern Gründe oder die lieblich grünen Thäler oder die lebensreichen heitern Landschaften am Fuße
des schlesischen Riesengebirges! Die Bewohner der Mark
und Schlesiens sind es fast allein, die hier den Genuß
einer noch unentweihten Natur suchen. Und doch wird
dieses Riesengebirge, das an Lieblichkeit und Anmuth
der Landschaft mit jedem andern deutschen Gebirge den
Wettstreit aufzunehmen vermag, an Großartigkeit und
Erhabenheit der Scenerie von keinem andern erreicht.
Ich werde dem Leser hier einige Bilder aus diesem
noch viel zu wenig bekannten deutschen Berglande vorführen, wie sie sich mir unter dem Eindruck unmittelbaren Genusses und an der Hand wissenschaftlicher For-
schung gestaltet haben, nicht erschöpfend freilich —
denn ich schreibe kein Buch für Touristen, — um so
tiefer aber eindringend in den Hintergrund des Gemäldes, das Werden der Formen und den Zusammenhang zwischen äußerer Erscheinung und innerem Wesen.

1. Die allgemeine Physiognomie des Gebirges.

Vor allem wird es nöthig sein, ein allgemeines Bild
von dem geologischen Bau und den Oberflächenverhält-
nissen des Riesengebirges zu entwerfen. Es gehört zu
jenen Gebirgen, die man geologisch als Centralmassen-
gebirge bezeichnet, deren aufgerichtete Massen sich rings
um einen mittleren plutonischen Kern lagern. Hier

bilden diesen Kern zwei mit einander verwachsene Gra-
nitmassen von elliptischer Form, die sich in ostnordöst-
licher Richtung von Reichenberg bis Kupferberg und
Schmiedeberg hinziehen. Der Granit dieses Kerns
gehört größtentheils jener eigenthümlichen Abänderung
an, die man auch Granitit genannt hat, und die sich
durch die gänzliche Abwesenheit des weißen Glimmers
und den auffallenden Gehalt von Oligoklas auszeich-
net. Nur im Isergebirge bildet der ältere ächte Granit den mittleren Kern der Granitmasse. Ein grob-
fasriger, zum Theil grobkörniger und selbst dünnschie-
feriger Gneis und ein mächtiges Glimmerschieferlager
schließt sich zunächst an den granitischen Kern an,
vielfach unterbrochen und zerrissen, ungleich gehoben
und verschoben. Die Grenzen zwischen Gneis und
Glimmerschiefer sind oft durch förmliche Zickzacklinien
bezeichnet, und an der Grenze des Granits sind die
Schichten mindestens oft mauerartig aufgerichtet. Weiter nach außen geht der Glimmerschiefer in Thonschiefer über, jener mächtigen Grauwackenbildung angehörig,
die sich namentlich im Osten und Süden in ungeheue-
rer Ausdehnung bis zur Oder und zu den Karpathen
erstreckt. Im Südosten und Südwesten lagert dann
auf diesen Schichten das wichtige Steinkohlengebirge,
an das sich weiter nach außen das Rothliegende anschließt. Merkwürdigerweise fehlen die Bildungen des
Zechsteins, bunten Sandsteins und Muschelkalks, die
am nordöstlichen oder schlesischen Abhange in bedeuten=

der Mächtigkeit auftreten, der böhmischen Seite gänzlich, während der Quadersandstein wieder das ganze
Gebirge in einem großen Bogen umgibt. Dieser Mangel ganzer Formationen auf einer Seite des Gebirges,
verbunden mit der Ungleichheit der übrigen Ablagerungen und ihrer Neigungen, liefert den Beweis, daß
ein Gebirge hier bereits vorhanden war, und daß dieses Gebirge bereits eine Meeresscheide bildete, ehe noch
die Ablagerung jener neueren Gebilde erfolgte, wenn
auch spätere Revolutionen dieses alte Gebirge von
Neuem erhoben.

Dieser ganze Bau des Gebirges erinnert auffallend an den des Harzes, mit dessen Erhebungsrichtung
auch der Hauptzug des Gebirges übereinstimmt. Auch
dort treten zwei granitische Centralmassen auf; nur
fehlt ihnen jene mächtige Gneis- und Granitschiefer-
umhüllung, die hier sogar die höchsten Gipfel des Gebirges; Riesenkoppe, Brunnenberg, Ziegenrücken u. s. w.
bildet. Es scheint also, als ob wir hier ein tiefer
aufgeschlossenes Gebirge vor uns hätten, ein Gebirge,
dessen obere Decke durch gewaltige Ereignisse mannig-
fach zerstört wäre. Der Granit ist ein Gestein, dessen Bildung nach den Ansichten der meisten Geologen
nur in der Tiefe des Erdenschoßes vor sich gehen
konnte. Eine so ausgedehnte Entblößung desselben,
wie hier, deutet auf spätere Erhebungen und Erschütterungen, die weiter gehen mußten als im Harze, da
sie die Grauwacke so auffallend entfernten und die

Gneis - und Glimmerschieferschichten vom Kamm bis
zum Fuße des Gebirges bloslegten.

Durch diese Bildungsverhältnisse sind bereits die
wichtigsten Züge in der Physiognomie des Gebirges
angedeutet. Die Zeugen der zerstörenden Ereignisse
gewahren wir noch in den gewaltigen Trümmern, die
seine ganze Oberfläche bedecken. Wir gewahren sie in
den furchtbaren Gründen, die tief in das Herz des
Gebirges eingreifen, in den steilen Abhängen seines
Nordrandes, aber auch in der Abrundung seiner Kämme
und Gipfel. So sehr das Riesengebirge sonst wohl
an die Alpen erinnert, jenes Emporstarren mit schroffen Wänden, scharfen Graten, wildzerissenen Zacken,
jenes imponirende Aufragen freier Felsengipfel über
die Kämme, das den alpinischen Charakter so wesentlich bezeichnet, fehlt ihm gänzlich. Es ist, als ob wir
hier nur noch den Kern eines früheren Alpengebirges
erblickten; es sind die Züge des Alters, die sich in
diesen gerundeten Formen gegenüber den jugendlich
scharfen der Alpen ausprägen. Aber ein Ueberrest
jener ursprünglichen alpinischen Natur verleugnet sich
gleichwohl noch nicht in der allgemeinen Physiognomie
des Riesengebirges. Jene kahlen Felsenkegel und aus
zahllosen colossalen Granitblöcken bestehenden Trümmerhaufen seiner höchsten Erhebungen; jene tiefeingerisse-
nen Spalten und Thalgründe, durch welche die Bäche
und Flüsse herabstürzen; jene oft senkrecht vom höchsten Grat des Gebirges absteigenden Felswände, an

deren Fuß kleinere oder größere Mulden eingetieft sind, von kleinen Hochsee'n erfüllt oder von Schneemassen, die oft selbst ganze Sommer nicht zu schmelzen vermögen; die öde Natur seines 4000 Fuß hohen Kammes, auf dessen Fläche Grasflächen, dunkle Knieholzbüsche, Moorgründe und Sumpfwiesen wechseln; die fast unmittelbar in das Herz des Hochgebirges sich hinaufziehenden kreisförmigen Thalbecken mit ihren so anziehenden Contrasten; endlich selbst das Leben des Hochgebirges mit seinen Bauden und Viehheerden: — alles das sind Züge einer alpinischen Physiognomie, unvollendet freilich, wie das Gebirge selbst nur die verwitterten Trümmer eines Alpengebirges aufweist.

Es bedarf nur noch weniger Züge, um das physiognomische Bild des Gebirges abzuschließen, so weit ein solches Bild sich überhaupt abschließen läßt. Die höchsten Punkte des Gebirges umwallt den größten Theil des Jahres hindurch ein weißer Schneemantel, und selbst in der Mitte des Sommers leuchten meist in den tieferen Schluchten und an den Abhängen einzelne Schneeflecken. Die Mitte der Berge umrauscht ein stolzer Waldgürtel; weiter hinauf bekleidet Knieholz die Hänge, und hoch oben decken nur Moos und dürftige Kräuter den Boden. In den Thälern und in den Ebenen am Fuße des Gebirges breiten sich saftige Wiesen, reiche Fruchtfelder und Obstgärten aus.

Wenn unſer Auge mit Entzücken an den gefäl-
ligen Linien der Berge hängt, die ſich Blau in Blau
in duftigen Schattirungen von dem warmen Himmel
abheben, ſo weilt es mit ſtillem Behagen auf den
lieblichen Thälern, die ſich nach allen Richtungen weit
in das Land hinſtrecken. Ein Gemiſch von Städten
und Dörfern, Schlöſſern und Ruinen drängt ſich vor
unſern Blick. Die Waſſer, die als Silberbänder ſich
von den Höhen hinabwenden, treiben hier Mühlen;
dampfende Fabrikeſſen erheben ſich aus den blauen
Flachsfeldern, und über den grünen Raſen breiten ſich
gleich Schneefeldern die Leinwandbleichen. Allerdings
mangelt dem Rieſengebirge der Schmuck der Alpenſee'n;
denn die kleinen Teiche bieten keinen Vergleich. Aber
tauſend ſilberne Quellen rieſeln aus Höhen und Schluchten herab, aus Felſen und Waldgründen hervor, über
die Hochebenen und durch die Thäler rauſchend, um
unten in der Ebene den reichen Quell menſchlicher Be-
triebſamkeit zu eröffnen.

Schön iſt das Gebirge, auch wenn es nicht im
grünen Sommerkleid mit all ſeinen ſaftigen Schattirungen prangt, auch wenn es das bleiche Schneege-
wand des Winters deckt, ſeine Bauden vergrabend,
ſeine Wälder unter eiſiger Laſt faſt erdrückend, ſeine
Cascaden in ſtarre Kryſtallgewölbe verwandelnd. Schön
iſt es ſelbſt, wenn die Stürme des Spätherbſtes über
ſeine Höhen dahin brauſen und aus den zerreißenden
Nebeln die erſte Schneedecke hervorſchimmert; ſchöner

noch, wenn ein majeſtätiſches Gewitter über die Berge
dahin zieht, wenn der Donner tauſendfach durch die
Thalſchluchten und Abgründe widerhallt, wenn Wolken-
maſſen auf Augenblicke die noch eben im tiefſten Blau
ſchwimmende Landſchaft verhüllen, und dann im andern Augenblicke ein Blitz den ganzen Gebirgskamm
in ein Flammenmeer taucht.

2. Das Thal des Hermsdorfer Waſſers.

Wenn man ſich von Norden her dem Rieſengebirge nähert, zu welcher Jahres- und Tageszeit es
auch ſei, immer bietet ſich ein großartiger Anblick dar.
Vor uns liegt am fernen Horizonte die dunkelblaue
Gebirgsmauer. Es iſt Nacht, eine Winternacht, ſchwach
beleuchtet vom Mondlicht, das kaum die dunſtige At-
moſphäre zu durchdringen vermag. Ein zarter Nebel
läßt die dunkle Wand faſt mit dem Sternenhimmel
darüber verſchwimmen; aber aus dieſem grauen Nebel
leuchten zahlreiche Punkte, Kugeln, Sicheln gleich ſil-
berblinkenden Meteoren hervor; es ſind die Stellen,
welche die ſenkrechten Mondſtrahlen treffen, und ſie
wechſeln von Augenblick zu Augenblick mit dem Fort-
ſchreiten des Mondes. Die Sonne iſt endlich aufge-
gangen und über das Gebirge heraufgeſtiegen; ihre
wärmenden Strahlen haben die obere Schneedecke ge-
ſchmolzen und brechen ſich nun an der entblößten Eisdecke vorangegangener Fröſte. In wunderbarem Sil-
berglanze ſtrahlen die hervortretenden Ränder und Hö-

hen der Gehänge, die Waldblößen und Bergwiesen,
und in filbernem Panzer schimmern die Kämme des
Hochgebirges. Oder es ist ein Sommermorgen, an
dem wir uns dem Gebirge nahen. Die Natur bereitet sich eben vor, das aufgehende Tagesgestirn zu empfangen. Noch liegen die östlichen Gipfel, die Koppe,
der Forstkamm, in tiefblauem Dunkel. Aber schon
werden die westlichen Gipfel und Abhänge, Sturmhaube, hohes Rad, Reifträger, Teichränder und Schnee-
grubenränder, mit rosenfarbenem Schimmer überzogen.
Immer lebendiger, immer prachtvoller wird diese Färbung, immer schärfer der Contrast zwischen diesem ro-
sigen Feuer und dem Blau des Morgenhimmels darüber, dem dunkeln Violett der Waldungen darunter. Allmälig beginnt auch ein feuriger Saum die Gipfel und
Kämme im Osten zu umziehen, allmälig erlischt die
Glut der westlichen Felsencolosse, und endlich liegt die
ganze Kette in der blendenden gleichmäßigen Beleuchtung des Tages vor uns. Kaum bedarf ein solches
Landschaftsbild noch einer Folie; es genügt in sich
selbst. Und doch wird es noch gehoben durch den Contrast des heiteren, bunten Lebens zu unseren Füßen.
Vor uns breitet sich der weite, mit zahlreichen Städten und Dörfern geschmückte Kessel des Hirschberger
Thales aus. Von allen Seiten von Bergketten umschlossen, hier im Norden von den Vorbergen von Lähn
und Schönau mit ihren hochaufragenden basaltischen
Kegelbergen, dort im Westen von den Ausläufern des

Iserkammes, im Osten vom Landshuter Kamm, einem Ausläufer des Schmiedeberger Kammes, überdies in seiner Mitte durch eine kleine, überaus felsige Bergreihe in zwei kleinere Kesselthäler, das Warmbrunner und Erdmannsdorfer, geschieden, bildet es nicht allein einen reizenden Vordergrund zu dem ernsten, großartigen Hintergrunde, sondern schließt das Gemälde zugleich in einer Weise ab, wie es kaum bei einem zweiten sich wiederfinden dürfte. Am nördlichen Rande dieses Thales fließt der Bober dahin, der einzige größere Fluß auf der Nordseite dieses Gebirges, der alle aus seinen Thälern und Schluchten herabkommenden Gewässer in sich vereinigt. Einem dieser Gewässer wollen wir jetzt aufwärts folgen, um uns in das Hochgebirge selbst und zu seinen Naturbildern geleiten zu lassen.

In der Mitte dieses Thales, da wo sich unzweifelhaft in der Vorzeit ein großer See ausbreitete, zwischen üppigen Wiesen und Feldern und den freundlichen Dörfern und Häusergruppen, die sich ununterbrochen von Hirschberg bis Warmbrunn fortziehen, fließt still und friedlich der Zacken daher. Nur die Tiefe seines Bettes und die zahlreichen Gerölle, hin und wieder auch ein entwurzelter oder geknickter Baum an seinen Ufern oder ein versandeter Garten zeugen von der Gewalt und tückischen Wuth dieses Baches, wenn er, angeschwellt von Frühlingsgewässern oder Wolkenbrüchen, donnernd einherbraust. Zu seinen Seiten nimmt er allmälig eine Menge kleinerer Bäche auf,

und einem derselben, der uns am schnellsten und gra-
desten in das Hochgebirge hinaufführt, wollen wir folgen. Es ist das Hermsdorfer Wasser, das sich unter
dem Namen des Haidewassers unterhalb Warmbrunn
mit dem Zacken vereinigt.

Da wo dieser Bach aus seinem engen Gebirgs-
thale hervortritt, unmittelbar über dem freundlichen,
weit in die Thäler und Berge sich hinaufziehenden
Hermsdorf erhebt sich auf einem bewaldeten, keck in die
Ebene vorspringenden Vorberge die vielgenannte, malerische Ruine der Burg Kynast. Es ist Granit, aus
dem dieser stolze Hügel aufgebaut ist, derselbe Granit,
der sich in den abenteuerlichen Felsenkolossen und Trüm-
merbergen der Stonsdorfer Schweiz weit in die Ebene
hinabzieht, und dieser Granit ist es auch, der die
ganze Physiognomie dieses Berges bedingt, seine gefäl-
lige Rundung im Nordwesten, seine scharfen Vorsprünge,
seine Klippen und Höhlen im Osten, seine jäh zum
Höllengrund abfallenden Wände im Süden. Es ist
nicht die romantische, sagenreiche Geschichte der Burg-
trümmer, auch nicht die entzückende Aussicht auf die
buntbelebte Landschaft zu den Füßen, auf die grünen
Matten der fernen Höhen und das dunkle Hochgebirge
selbst, um derenwillen ich den Leser für einige Augenblicke auf diesen Gipfel führe. Es ist vielmehr eine
eigenthümliche, in eine dunkle Urzeit, sei es der Men-
schengeschichte oder der Natur, hindeutende Erscheinung,
für die ich seine Aufmerksamkeit in Anspruch nehme.

Hoch oben am Höllenstein sowohl, als unten an den
isolirten Felsenmassen des Wassersteiges und der Hölle,
am Wachstein und am Hohlenstein, zeigen sich räthselhafte, sehr regelmäßig und wie von Menschenhand ge-
bildete Vertiefungen in Form von Becken, Kesseln und
Sitzen. Man findet diese Bildungen auf dem ganzen
Nordrande des Riesengebirges, auf seinen höchsten Fels-
gipfeln sowohl, wie auf vereinzelten Steinblöcken des
Thales und der Vorberge am Bober, aber fast ausschließlich im Granit. Ich sagte, man könnte ihren
Ursprung entweder in einer Vorgeschichte des Menschen
oder der Erde suchen. Von Seite der Geologen ist
gewöhnlich das Letztere geschehen. Man hat sie für
übereinstimmend mit jenen ähnlichen Erscheinungen erklärt, denen man im Granit und Gneis der Alpen
und namentlich Schwedens häufig begegnet, und die
man unter dem Namen der Riesentöpfe kennt. Es sind
runde, tiefe Höhlungen mit polirten Wänden, die namentlich in den Alpen und im Jura häufig in löf-
felförmig verlängerte Rinnen übergehen. Nach Agassiz werden solche Höhlungen noch jetzt von Wasser-
strömen ausgewaschen, die, wenn sie eine Zeitlang
auf der Oberfläche eines Gletschers hingeflossen sind, in
eine Eisspalte hinabfallen und einen Wasserfall bilden. Die rotirende Bewegung, in welche das herab-
fallende Wasser den auf dem Boden befindlichen Kies
und Sand versetzt, ist die Ursache für das Entstehen
solcher runden Aushöhlungen. Wenn der Wasserfall

mit der Bewegung des Gletschers fortschreitet, so geht
natürlich auch die ursprünglich kreisförmige Höhlung
in eine tiefe Furche über. Da es ferner die Gestalt
des Thalbodens, auf dem der Gletscher hinabfließt, ist,
welche das Entstehen der Glescherspalten bedingt, so ist
erklärlich, daß sich, wie die Spalten, so auch diese be-
weglichen Wasserfälle alljährlich an derselben Stelle
bilden und so durch beständige Wiederholung ihrer Arbeit eine solche Vollendung geben können.

So einleuchtend diese Erklärung auch ist, so sehr
sie auch den Formen dieser Höhlungen im Riesengebirge
entspricht, so sind doch die Bewohner des Gebirges
durchaus nicht geneigt, sie anzunehmen. Allerdings
treten ihr hier erhebliche Schwierigkeiten entgegen.
Wenn man auch eine Vergletscherung des Gebirges in
der Vorzeit nicht in Abrede stellen wollte, so ist doch
die Lage mancher dieser Felsenkessel eine solche, daß nur
eine gewaltige Eisdecke, welche nicht blos die Thäler,
sondern auch die Berge und selbst die Gipfel begrub,
ihre Entstehung auf diesem Wege erklärlich macht. Für
eine solche Gletschermasse aber würde das Reservoir
fehlen, aus dem sie herabströmen mußte. Einzelne dieser Becken auf den wenige Fuß breiten Gipfeln thurm-
artiger Felsenkegel würden vollends einer solchen Erklärung widersprechen.

Leichter und zumal romantischer ist es freilich, wie
es die Bergbewohner thun, ihren Ursprung in der
menschlichen Vorgeschichte zu suchen und sie für Opfer-

stätten eines gözendienerischen Volkes des tiefsten Al-
terthums zu erklären. Da sieht man denn in den
größeren, in die Länge gezogenen Vertiefungen Opfer-
becken, welche zum Niederlegen von Menschen oder größeren Thieren bestimmt waren, in den Rinnen, welche
meist über den Felsenrand in den Abgrund hinaus-
münden, Rinnen zur Ableitung des Blutes, ja in gewissen an den scharfen Felsenrändern sichtbaren Furchen und Abrundungen noch die Spuren des Herauf-
ziehens der Thiere. Man verbindet damit die fessel-
artigen, halbkreisförmigen Vertiefungen, denen man namentlich hier am Kynast, aber auch bei Hain oder anderswo in großer Zahl begegnet. Nur für die kleinen,
oft kaum einige Zoll breiten und tiefen Näpfchen, die
hie und da neben den großen, meist 1½ — 2 Fuß,
bisweilen 5 — 6 Fuß breiten und 6 bis 8 Zoll, in
seltneren Fällen 3 bis 5 Fuß tiefen Kesseln und Sitzen
vorkommen, hat man eine entsprechende Stelle in jenem uralten Opferdienste noch nicht aufzufinden vermocht. Ebenso wenig ist man glücklich gewesen in der
Entdeckung der Werkzeuge, mit deren Hilfe jene rohen
Vorfahren den harten Fels so geschickt zu bearbeiten
vermochten, und hat sogar meist seine Zuflucht zu Vor-
bildungen der Natur, also doch wieder zu jenen Rie-
sentöpfen der Gletscherzeit genommen. Wir wollen diese
seltsamen Gebilde dem Dunkel der Vorzeit überlassen
und uns wieder der Gegenwart der schönen Natur
zuwenden.

Zwischen den riesigen Felsblöcken der Hölle steigen wir in das sich immer mehr verengende Hermsdorfer Thal nieder und wandern immer weiter aufwärts, zur Linken das brausende Bergwasser und darüber die dunkeln Waldgehänge des Heerdberges, dessen
Vorsprung der Kynast bildet. Bald nimmt uns eine
grüne, muldenartige Thalweitung auf, in welcher sich
drei kleine schäumende Bergwässer vereinigen, an deren
Ufern die Häuser und Mühlen Agnetendorfs zerstreut
liegen. Da wo die Felsen des Hummelberges und des
Donnersteins das Thal zu verschließen scheinen, folgen
wir dem Hauptwasser aufwärts durch finstere, dichte
Waldungen, und an der wilden Felsengruppe der Go-
ralensteine vorüber, an den steinigen Abhängen der
kleinen Sturmhaube hin, gelangen wir endlich in das
Innere einer von einem Halbkreise jäher Felsenwände
umschlossenen, nach unten sanft abfallenden Thalmulde,
der Agnetendorfer Schneegrube. Wir stehen hier in
einem jener eigenthümlichen Thalkessel des Riesengebirges, die eine gewisse Verwandtschaft mit den Firnmulden der Hochalpen besitzen und wie diese, wenigstens bisweilen, wenn auch nicht Gletscher gebärende, doch Flüsse
und See'n nährende Schneemassen einschließen. Gewaltige Schuttmassen erfüllen den Boden der Mulde,
und riesige Dämme von Felsentrümmern verschließen
den Ausweg, hinter ihnen die Schmelzwasser des Früh-
lings zu kleinen See'n aufstauend, die freilich im Sommer sich meist in halbaustrocknende Sümpfe verwan-

deln. Wir befinden uns hier in der That bereits in
den Regionen des Hochgebirges, 3460 Fuß über dem
Meere, umragt von schwarzen, rauhen Felswänden, die
nur nach einer Seite einen wohlthuenden Blick über
das grüne Wäldermeer drunten frei lassen. Das frische,
heitere Pflanzenleben meidet bereits diese einsame Stätte;
nur dürftige, mit Knieholz durchwebte Grasflächen ziehen sich hie und da an den Felsenwänden hin; nur
einzelne seltene Gebirgspflanzen, ein Delphinium, eine
Archangelica, eine Circaea und Linnaea, blühen
an den feuchten Stellen, die dem Hermsdorfer Wasser
seinen Ursprung geben.

Die landschaftliche Physiognomie dieser Einöde,
selbst mit botanischem Interesse verbunden, würde schwerlich für die Mühen des Aufsteigens entschädigen, wäre
es nicht ein Gegenstand der sonderbarsten Art, der die
meisten Wandrer hinaufführt. Der Aberglaube hat im
Riesengebirge von jeher eine fruchtbare Pflanzstätte gefunden, und der neckische Geist Rübezahls scheint,
seit er die Menschen nicht mehr zu erschrecken vermag,
seine besondere Lust darin zu finden, die Gesetze der
Natur zu verkehren, Flüsse in ihrem Laufe zu hemmen und Steine gegen das Gesetz der Trägheit in Bewegung zu setzen. Es ist bekannt, daß man von dem
Zacken behauptet, daß er zu gewissen Zeiten ein räth-
selhaftes Stillstehen zeige, daß meist nur wenige Stunden währe, bei diesem reißenden Gebirgswasser aber so
auffällig sei, daß die Mühlen des Thales während die-

ser Zeit nicht mahlen könnten. Aus dem vorigen Jahrhundert werden 5 solcher Fälle berichtet, das letzte Ereigniß dieser Art soll noch am 10. December 1810 stattgefunden haben. Hier in der Agnetendorfer Schneegrube ist es eine Erscheinung entgegengesetzter Art, ein wandernder Stein, von dem nicht die Sage allein, sondern der Bericht der einsichtsvollsten Bewohner des Gebirges erzählt. Auf einem Wiesenfleck, der sich sanft von dem Rande der Grube herabzieht, liegt der vielbesprochene „Wanderstein", ein Felsblock von unregelmäßig viereckiger Gestalt, etwa 4½ Ellen hoch und 15 Ellen im Umfang, also von einem Inhalt von mindestens 180 Kubikfuß und einem Gewicht von mindestens 300 Centnern. Zuerst soll es im Jahre 1807 gewesen sein, wo dieser Block sich ohne irgend erkennbare Veranlassung von seiner bisherigen Lagerstätte bewegte. Im J. 1819 soll er dann abermals seinen Ort um eine Strecke von 94 Ellen verändert haben, und endlich vollends im Juni 1848 diese Erscheinung in einer Weise wiederholt haben, daß er sogar bergan mit einer Steigung von etwa 4½ Fuß und durch einen Sprung über eine kleine Höhe, von deren Blöcken er die Spitzen abschlug, seine Wanderung ausführte. Niemand weiß sich die Ursache einer so seltsamen Bewegung zu erklären, aber Niemand im Gebirge zweifelt auch daran, und eine Inschrift auf dem Steine verewigt sogar das denkwürdige Ereigniß. Man sieht, wie leicht in einem Gebirge, wo durch die

Großartigkeit der Naturwirkungen beständige Umgestal-
tungen im Anblick des Bodens und selbst der festen
Felsen vorgehen, und wo im Wesentlichen doch ein Fels
dem andern gleicht, die durch eben diese Großartigkeit
der Natur beständig aufgeregte Phantasie der Bewohner geneigt ist, selbst Veränderungen zu erblicken, wo
sie nicht vorhanden, und Wundern eine Stelle einzu-
räumen, wo nur Täuschungen der Sinne vorliegen.
Nicht zufrieden mit dem Staunen über die Gewalten,
welche in der Vorzeit diese zahllosen gewaltigen Blöcke
über den Thalboden zerstreuten, zaubert man sich neue
Gewalten, um sie abermals in Bewegung zu setzen.

3. Die Gruben und Teiche.

Auf welchem Wege, durch welches der grünen,
von rauschenden Bächen durchströmten Thäler des Nord-
abhanges man sich auch dem eigentlichen Kamm des
Riesengebirges nähern mag; sobald man die dunkeln
Nadelholzwälder verlassen hat, betritt man eine öde,
von Felsentrümmern wild bedeckte, oft sumpfige Re-
gion. Ein dünnes, graues, mageres Gras (Nardus
stricta), Simsen, Riedgräser und Torfmoose bilden das
traurige Gewand des Bodens, aus dem sich hin und
wieder noch verkrüppelte Fichten, sogenannte Rauzen,
erheben, denen sich weiter oben die kriechende Kniekie-
fer (Pinus pumilio) anschließt. Mit seinen weit hin-
laufenden Aesten bedeckt dieses Knieholz, das sich nicht
wesentlich von dem Krummholz der Karpathen (Pinus

mugbus), wohl aber von der Sumpfkiefer der Graf-
schaft Glatz, des Erzgebirges und Böhmerwaldes (Pinus uliginosa) unterscheidet, oft Stunden weit wald-
artig die Sümpfe oder Blöcke und Steintrümmer, so
daß sich der Wandrer nur mühsam und in steter Gefahr, zu straucheln, den Weg hindurch zu bahnen vermag. Auf weiten Strecken, namentlich an den östlichen und westlichen Ausgängen des Kammes, noch
mehr auf der böhmischen Seite sieht man dieses Knie-
holzgebüsch bereits durch die Kultur verdrängt und
durch Grasflächen ersetzt, die trotz ihrer Dürftigkeit
der Ausdehnung der Viehzucht eine willkommene Gelegenheit bieten.

Durch eine solche öde, von der Kultur noch fast
unberührte sumpfige Wildniß wandern wir längs der
trümmerbedeckten steilen Abhänge der großen Sturmhaube und des großen Rades hin, um einen jener ro-
mantisch wilden Felsenkessel zu betreten, die unter dem
Namen der Gruben bekannt sind. Wir haben so eben
einen letzten, aus regellos übereinander gehäuften, eckigen Felsblöcken bestehenden Wall überschritten und stehen nun am Rande der großen Schneegrube. Im
Hintergrunde und zu beiden Seiten erheben sich bis
zu einer Höhe von 800 F. drohende, oft wild zer-
klüftete Felswände oder jähe, von Blöcken übersäete
Gehänge. Darüber ragt zur Linken der 4632 Fuß
hohe Gipfel des hohen Rades empor, während zur
Rechten über den Rand des schauerlichen Abgrundes

15 *

die Grubenbaude herüberwinkt, hinter welcher sich in
wilden Blöcken die Teufelskanzel aufthürmt. Den Bo=
den der Grube vor uns bedeckt öder Schutt; nur im
Hintergrunde leuchten noch einige Schneeflecken, welche
selbst die heiße Julisonne noch nicht zu schmelzen ver=
mochte, umgeben von einem Kranze grünen Rasens
und in voller Blüthenpracht prangender, zum Theil
seltner Kräuter. Rückwärts gegen die Ebene hin er=
blicken wir eine Reihe hoher, mit Knieholz überwach=
sener Trümmerwälle, zwischen denen sich kleine Teiche
hinziehen, die ihren einzigen Zufluß aus dem Schnee=
wasser der Gruben haben und nur in unmerklichen,
kleinen Rinnsalen durch die morastigen Gehänge ihre
Abflüsse der rauschenden Kochel zusenden. Ueber diese
Wälle und Teiche hinaus aber schweift der Blick mit
Entzücken über das grüne Wäldermeer der Berge, aus
dem wie Klippen die bizarren Gestalten der Goralen=
steine auftauchen, hinaus in die fernen Ebenen des
Hirschberger Thales und noch weiter zu den hügelrei=
chen Gefilden Schlesiens.

Diese eigenthümliche Grubenbildung, die uns hier
in so großartiger Weise entgegentritt, wiederholt sich
mehrfach längs des ganzen nördlichen Abhanges des
Gebirgskammes von der Koppe bis zum Reifträger.
Ein schmaler Felsengrat nur trennt die große Schnee=
grube von der weiter westlich gelegenen kleinen, die
durch den Basalt, der gangartig den Granit ihrer
Wände durchsetzt, so berühmt geworden ist. Weiter

im Often haben wir bereits in der Agnetendorfer
Grube eine ähnliche Bildung betreten, und an den Abhängen des Lähnberges treten uns vollends zwei durch
ihre Wasserbecken mit überaus romantischen Reizen aus-
gestattete Gruben entgegen.

Wer kennte nicht die beiden Teiche, diese tief-
schwarzen Augen in der Landschaft des Riesengebirges!
Mag man durch die tiefen Thalschluchten der großen
Lommiß heraufsteigen oder von den jähen Abstürzen
der Teichränder niederschauen, immer gewähren diese
Bergkessel mit den schwarzen See'n, mit ihren silberglänzenden Wasserfällen, den Felswänden und grünen
Gehängen von allen Seiten ein großartiges, maleri-
sches Bild. Gegen Norden durch die Felswände des
Lähnberges eingeschlossen, die mit grünen Rasenflecken
wechselnd, stufenartig über dem Seespiegel bis zu einer
Höhe von 400 bis 600 Fuß aufsteigen, gegen Süden durch einen gewaltigen Wall von Felsentrümmern
und Blöcken geschlossen, der im Westen eine Höhe von
80 Fuß, erreicht, im Osten sich allmälig verflacht und
hier den Wassern des See's einige Abflüsse gestattet,
die zu einem kleinen Bache vereinigt, über die steilen
Berglehne zum Thale hinabrauschen, beschäftigte der
große Teich bis in die Gegenwart mit seiner düstern
Einöde die Phantasie und den Wunderglauben des
Volkes. Hier sollten böse Geister hausen, und nur
giftige, schlangenartige Ungeheuer athmen, während
allem andern Leben das Wasser des See's todbrin-

gend sein sollte. Dunkle Sagen knüpften die Heil-
quellen von Warmbrunn an diesen See und drohten
den Untergang des ganzen Hirschberger Thales aus
dem Eintritt gewisser Erscheinungen. So wirkt überall
das Schauerlich = Erhabene verdüsternd auf den Sinn
des Menschen, bis die Wissenschaft ihr Licht über die
unheimlichen Züge der Natur verbreitet und ein Stück
aus der Geschichte der Vorzeit daraus entziffern lehrt.

Minder abschreckend hat der weiter südöstlich ge-
legene kleine Teich gewirkt, schon um seines Forellen-
reichthums willen, der ihm den Namen des Forellen-
teiches verschaffte. Zu seiner Linken dehnt sich in gerundeten Formen die mit grünen Weiden, weiter oben
mit Knieholz bedeckte Lehne des Seifenberges aus;
rechts starren zahlreiche schroffe Felsenmassen, von grünen Rasenstreifen unterbrochen, 400 bis 700 Fuß
über dem Seespiegel empor. Ueber diese Felsenwand
stürzt durch einen tiefen Einschnitt der Krinnefall
herab, anfangs über steile Felsen, weiter unten über
Trümmer dem See entgegenrauschend. Auch im äußer-
sten Südwinkel stürzen bald über grüne Matten, bald
über graue Felsenstufen wasserreiche Quellen nieder.
Die grünen Matten am Seeufer, in ihrer Mitte die
alte Teichbaude und die weidenden Kühe vollenden das
Anmuth und Erhabenheit in seltener Weise vereinigende Bild dieser Landschaft.

Beide Teiche, von denen der eine ungefähr 26,
der andere 10 Morgen an Flächenraum umfaßt, liegen

in einer bedeutenden Höhe, der große Teich 3749, der
kleine 3560 Fuß über dem Meere. Ihre Tiefe ist
nicht beträchtlich, am größten in der Nähe der steilen
Felsengehänge, beim großen Teich 75, beim kleinen
nur 21 Fuß. Daraus geht unfehlbar hervor, daß sie
im Wesentlichen nichts anderes sind, als die Schnee-
gruben und die zahlreichen ähnlichen Vertiefungen dieses nördlichen Abhanges, flache Mulden, die nur durch
einen gewaltigen Trümmerwall nach Außen verschlossen
wurden und dahinter die Schmelzwässer und die Sumpf-
und Quellwässer des hier weit ausgebreiteten Kammes
ansammelten. Der Ursprung aller dieser Gruben reicht
also in die Zeit der Gebirgserhebung selbst zurück.
Man hat häufig zu der etwas abenteuerlichen Erklärung seine Zuflucht genommen, daß einst unterirdische
Dämpfe hier die Erddecke gesprengt hätten, und diese
Kessel nun gleichsam die Kraterüberreste dieser Dampf-
ausbrüche seien. So gewaltsam aber auch die Erhebung dieses Centralgebirgsstockes des Riesengebirges
erfolgt sein mag, von eigentlichen vulkanischen Ereignissen zeigt sich keine Spur. Selbst die Basalte, die
sich in der kleinen Schneegrube, in der Agnetendorfer
Grube und weiter abwärts am Eisenberg beim Dorfe
Saalberg zeigen, können bei ihrem Ausbruch keine bedeutende Erschütterung mehr veranlaßt haben, scheinen
vielmehr sehr ruhig durch bereits vorhandene Spalten
gangartig aufgestiegen zu sein. Am wahrscheinlichsten
verdanken die Gruben ihren Ursprung Einstürzen,

welche die Erhebung des Gebirges begleiteten oder viel=
mehr ihr nachfolgten, und die offenbar mit den gewal=
tigen Ereignissen in Verbindung standen, welche die
Gipfel dieses Gebirges zertrümmerten und seinen einst
weit mehr alpinen Charakter abschwächten.

Durch die eigenthümliche muldenförmige Gestalt
dieser Gruben, durch ihre Lage gegen Norden und durch
ihre bedeutende Höhe über der Meeresfläche geben sie
zu einer Erscheinung Veranlassung, die einerseits we=
sentlich beiträgt, die landschaftlichen Reize dieses Ge=
birges zu erhöhen, andererseits aber oft auch Ereig=
nisse von den zerstörendsten Folgen herbeiführt. In
ihren Vertiefungen sammeln sich nämlich zur Winters=
zeit gewaltige Schneemassen, welche bisweilen selbst die
Sommersonne nicht zu schmelzen vermag, und die dann
bis in die heißesten Monate hinein gleich Silberflecken
an der dunkelblauen Wand weit in das Land hinaus=
blinken. Wenn aber im Winter diese ungeheuren
Schneewände bisweilen sich ablösen und donnernd in
die Tiefe stürzen, dann bezeichnet ihren Weg grauen=
volle Verheerung. So durchschlug im Januar 1737
eine Schneelehne die 5 Fuß starke Eisdecke des kleinen
Teiches, und im Januar 1827 stürzte eine andere
Schneelehne in den großen Teich, seine Eisdecke so ge=
waltig zertrümmernd, daß die vom Schlamm des Bo=
dens gefärbten Schollen haushoch in die Luft starr=
ten. Auch im Winter 1843 bis 44 ging eine solche
Schneelehne in den großen Teich nieder; das Wasser

wurde über den Rand emporgeschleudert, und Eisschol-
len, Felsenstücke, Bäume wälzten sich mit der Schlammfluth nach der weiter unten gelegenen Brückenberger
Mühle hinab, sie mit der höchsten Gefahr bedrohend.
Noch heute erblickt man die Spuren dieses furchtbaren
Ereignisses, wenn man auf dem Wege zur Hampel-
baude der Stelle sich nähert, an welcher der aus dem
großen Teich herabbrausende Abfluß sich mit dem stär-
keren Bache des kleinen Teichwassers vereinigt.

Wir verlassen die öden Felsenkessel der Gruben
und Teiche, die jedenfalls zu den eigenthümlichsten Gebilden des Gebirges gehören und nicht blos für die
Phantasie des Beschauers, sondern auch für die in der
Urzeit der Erde weilenden Gedanken des Forschers eine
wunderbare Anziehungskraft äußern. An jähen Fel-
sengraten klimmen wir aufwärts zur Höhe des Kammes, der in seinen weiten Flächen, in seinen Trümmerhaufen gleichenden Gipfeln, wie in seinen finstern Gründen eine neue, nicht minder originelle Natur entfaltet.

4. Der Kamm und die Gründe.

„Die Alpen", sagt ein geistvoller Geograph
unserer Tage, „sind ein Drama, d. h. sie machen den
Eindruck einer Handlung, den ihre ewig gleiche Stirn
nicht verwischt, so lange man sie auch anblicken mag;
der Schwarzwald ist das kleine Epos, die Ballade,
die Romanze; der Thüringerwald gleicht dem Volks-
liede, das in einfacher Fassung viel tiefen Sinn birgt;

— das Riesengebirge ist eine Epopoe!" Es liegt in
der That etwas Ritterliches in dem Charakter dieses
Riesengebirges; es ist wirklich eine so seltsame Idea-
lisirung der Geschichte der Vorzeit, so voll von col-
lossalen, abenteuerlichen Gestalten, die wie Wirkungen
jenseitiger Mächte überall in die natürliche Anmuth
der Landschaft hinein greifen. Ganz besonders kann
man sich dieses Eindrucks nicht erwehren, wenn man
über die Kammflächen des Gebirges hinwandert. So
viel auch der große Haufe der Touristen über die Oede
und Langweiligkeit dieser Flächen klagt, über die Be-
schwerlichkeit der Pfade, über die Armseligkeit der Bauden, die außer dem frugalsten Abendbrod oft kaum ein
Heulager dem verwöhnten Wandrer zu bieten haben;
immer wieder äußern diese Kammhöhen eine Anziehungskraft, wie selten die Höhen eines andern Gebirges.
Was hier hinaufzieht, das ist nicht allein jener Hang
zum Absonderlichen und Abenteuerlichen, wie er sonst
zum Besteigen hoher Berge verlockt, das ist nicht allein
jenes eitle Verlangen, einmal hoch über dem alltägli-
chen Treiben der Menschen zu stehen; es ist hier der
mächtige Reiz der Einsamkeit und Stille im Verein
mit jener unbewußten Gewalt, den die Natur in ihrer
Ursprünglichkeit ausübt, mit jenem mystischen Zauber,
der aus den Trümmern einer alten dunkeln Geschichte
anweht. Denn öde sind in der That diese Flächen.
Wo nicht Steinblöcke und Felsentrümmer in chaotischem
Gewirr den Boden bedecken, da breiten sich weithin

dunkle, von niedrigem Knieholz durchwachsene Torf=
moore aus, und selbst die wenigen Grasflächen bieten
in ihrer grauen Färbung dem Auge kaum eine Er=
quickung. Selten unterbricht der Gesang eines Vo=
gels, etwa der Alpenlerche oder der Ringdrossel, oder
das Geschrei eines Raubvogels die Stille dieser Ge=
birgsöde. Nur Hirten durchziehen mit ihren Heerden
diese Kammfläche, und schon von weiter Ferne vernimmt
man das harmonische Geläute der Heerdglocken. Ein=
zelne Männer im Knieholz, kräftige Stämme für Schnitz=
arbeiten auswählend, einige Pascher, mit ihren Hocken
den Grenzweg überschreitend, oder kaiserliche Grenzjä=
ger, die ihnen im Gebüsch versteckt auflauern, endlich
jene leider nie auf vielbetretenen Touristenpfaden feh=
lenden Jammergestalten bettelnder Krüppel und Kre=
tins, das sind die menschlichen Wesen, denen man hier
begegnet. Nebel und Wolken überziehen nur zu oft
und plötzlich mit ihren feuchten Schleiern diese Höhen;
Schneestürme treiben selbst mitten im Sommer, na=
mentlich nach Gewittern ihr rasendes Spiel, und die
Eiszapfen, die man oft Morgens beim Heraustreten
aus der Baude vom Dache herabblitzen, die dünnen
Eisdecken, mit denen man die Wassertröge überzogen
sieht, zeigen, daß der Winter in diesen Höhen zu jeder
Zeit eine nächtliche Einkehr findet. Was aber unan=
tastbar diesen Kammflächen bleibt, das ist die reine,
ewig erfrischende Bergluft, das ist der entzückende Blick
über die weite anmuthige Landschaft im Norden, über

das malerische Bergland im Süden, das ist der mit
Schauder und Wonne gemischte Blick in die furchtbar
gähnenden Gründe am südlichen Rande.

Aus dieser öden Kammfläche erheben sich riesigen
Trümmerhaufen gleich, die kuppenförmigen Gipfel des
Gebirges, schwarze Koppe und Schneekoppe, große und
kleine Sturmhaube, hohe Rad und Reifträger. Ein=
zelne dieser nur wenige hundert Fuß über der Fläche
erhabenen Gipfel sind so furchtbar mit Blöcken bedeckt,
daß ihre Besteigung zu den beschwerlichsten des Gebir=
ges gehört. Die Schneekoppe selbst, der fast 5000
Fuß hohe Riese des Gebirges, die nur durch einen
schmalen Grat mit dem Koppenplan und der Kamm=
fläche zusammenhängt, gewährt von der Nordseite den
Anblick eines aus lauter Felsentrümmern erbauten, etwa
900 Fuß hoch steil ansteigenden Kegels, der nur an
wenigen, zum Theil unzugänglichen Stellen einige grüne
Flecken zeigt, die aus Rasen von Alpenpflanzen oder
kleinen Gruppen von Knieholz gebildet sind und sich
wohlthuend von dem allgemeinen Grau abheben. An
der Südseite dagegen tritt der feste Glimmerschieferkern
des Berges selbst in mächtigen Felsen zu Tage, zwi=
schen denen spärliche Rasenflecken zerstreut liegen und
kahle Wasserrisse zur Tiefe ziehen, zur Zeit der Regen=
güsse und Gewitterfluthen von kleinen Wasserfällen er=
füllt, die der von den jenseitigen schroffen Abhängen
des Brunnenberges herabstürzenden Aupa zueilen.

Wenige, die über diese Trümmerflächen und Trümmerberge mühsam hinwandern, werden sich des Gedankens an jene dunkle Urzeit entschlagen können, in welcher dieses Gebirge noch in seiner unversehrten Ganzheit als ein stolzes und mächtiges Alpengebirge des deutschen Nordens mit hochragenden Zacken und Hörnern dastand. Diese Zeit ist längst entschwunden, und fort und fort sind die Mächte der Gegenwart thätig, zu zertrümmern, zu ebenen und abzurunden. Die Zerstörungen, welche strömende Fluthen hier noch heute anrichten, sind unbeschreiblich. Durch Wolkenbrüche oder Schmelzwasser zu Strömen angeschwellt, stürzen die Bergbäche mit Donnergetöse oft ganze Felsen vor sich her. Wilde Stürme entblößen die Felsen der steilen Abhänge, und die Kraft des Eises sprengt sie, um sie in die Tiefe zu schleudern. Der ganze Nordabhang des Gebirges legt Zeugniß ab von diesen viele Jahrtausende alten Zerstörungen. Aus seinen furchtbar zerklüfteten Granitwänden ragen überall, Thürmen und Säulen gleich, die zurückgebliebenen härteren Felsen hervor; auf seinen Vorsprüngen und in seinen Gruben starren uns die abenteuerlichen Gestalten dieser Ueberreste entgegen. Man darf nur einen Blick in die Tiefe der großen Schneegrube und ihre wildzerrissenen Felsenmassen werfen, um ein Bild von der Großartigkeit jener Zerstörungen zu gewinnen.

Wie nahe uns aber auch am Nordabhange die zerstörende Thätigkeit der Vorzeit tritt, überwältigender,

grausenhafter ist doch ihr Bild am Südabhange. Hier
an der Grenzscheide des Granits und Glimmerschiefers
öffnen sich die furchtbaren Gründe. Wenn man über
die trümmerbedeckte Fläche, die sich hinter der Schnee=
grubenbaude ausbreitet, zu den sumpfigen Wiesen des
Elbquells wandert und dann dem Laufe des jungen
Baches folgt, sieht man sich plötzlich am Rande eines
Abgrundes von fast 2000 F. Tiefe. Das ist der Elb=
grund, in den sich schäumend und brausend die Elbe
stürzt, und an den sich weiter nach Osten der Teufels=
grund, der Weißwassergrund, die Siebengründe längs
des ganzen Kammes bis zur Koppe hin anschließen.
Der Blick in diese Tiefen ist schwindelerregend und
noch schauerlicher die Wanderung auf ihrem Grunde.
Es ist eine Einöde, deren Schweigen nur das Rau=
schen der Gewässer durchbricht. Zwischen mannshohen
Farrnkräutern zieht man dahin, über sich senkrechte
Felswände oder eine finstere Waldwildniß, aus der
gleich Gespenstern die Leichen niedergestürzter Baum=
stämme hervorschauen; überall Verwirrung und Ver=
wüstung und doch überall malerische Parthien einer
schauerlich schönen Natur. Auch die Koppe selbst steigt
aus zwei solchen Gründen empor, dem Melzergrund im
Norden und dem über 2000 Fuß tiefen Aupen= oder
Riesengrund, und der Blick in diese Gründe und auf das
grüne Band ihrer Tiefen gehört zu den schönsten Rei=
zen, welche die Aussicht von dieser Höhe gewährt.

Nur flüchtige Bilder vermochte ich von diesem schönsten und jedenfalls großartigsten der norddeutschen Gebirge zu entwerfen, in dessen Anblick selbst Humboldt's verwöhntes Auge Befriedigung fand. Zu ersetzen vermögen sie die Wirklichkeit nicht; nur einladen sollen sie zu ihrem Genusse und diesen veredeln. Wer aber dieser Einladung folgt, den erwartet ein Epos, wie es die Natur in ihren glücklichsten Launen geschaffen.

Inhalt.

Bilder aus den Alpen.

Bilder aus der mitteldeutschen Gebirgswelt.

Gebauer-Schwetschke'sche Buchdruckerei in Halle.